संघर्ष जारी है...

(काव्य संग्रह)

डॉ. चमन सिंह ठाकुर

TANEESHA PUBLISHERS

Book   : Sangharsh Jari Hai

Author   : Dr. Chaman Singh Thakur

Edition   : 1st (9 September, 2022)

ISBN   : 9789390910717

© Author

Published by

TANEESHA PUBLISHERS

A unit of - **PRACHI DIGITAL PUBLICATION**

Regd. Add.: 254, Khuriyakhatta No. 10, Bindukhatta,
Lalkuan, Nainital - 262402, Uttarakhand, India
Website : www.taneeshapublishers.in
E-mail : info@prachidigital.in
Contact : +91-976041-7980, 845481-2712

Printed by :
Manipal Technologies Limited, Manipal - 576104, Karnataka

समर्पण

पूजनीय माता श्रीमती कांता देवी ठाकुर
एवं पिता श्री हरि सिंह ठाकुर जी के
श्री चरणों में सादर समर्पित

गणेश वंदना

जय जय जय गणपति गणनायक
सिध्दि विनायक विधाता
कृपा करो हे विघ्न विनाशक
हे कृपानिधे जगत्राता ...
आदि पूज्य देवों के स्वामी
करें सब ध्यान तुम्हारा
मंगल परम स्वरूप गणेश
तुम्हें कोटि नमन हमारा ...
सुखकारी प्रभु तुम दुखहारी
सुख शांति यशदाता
नाम जपे जो तुम्हारा निशदिन
मन-वांछित फल पाता ...
सर्वमंगल सर्वसुख सर्वशांति
सकल आनंद प्रदाता
विनति करे 'चमन' कर जोड़
विघ्न विनाशक विधाता ...
जय जय जय गणपति गणनायक
सिध्दि विनायक विधाता।

प्रार्थना

हे मात दया करना
हे नाथ कृपा करना
जीवन के इस सफर में
खो जाऊँ न अधर में
हे मात दया करना
हे नाथ कृपा करना।
तेरे ही गुण मैं गाऊँ
शुभाशीष तेरा पाऊँ
हे मात दया करना
हे नाथ कृपा करना।
तन–मन में तुम बसे हो
कण–कण में तुम बसे हो
हे मात दया करना
हे नाथ कृपा करना।
कर जोड़कर खड़ा हूँ
तेरी शरण पड़ा हूँ
हे मात दया करना
हे नाथ कृपा करना।

अनुक्रमणिका

आत्मकथ्य

मेरा काव्य मेरी आत्मानुभूति है। मेरा जीवन संघर्षपूर्ण रहा है। अपने अल्पकालीन जीवन में मैंने बहुत उतार-चढ़ाव देखे हैं। मैं शुक्रगुजार हूँ अपने वंदनीय माता-पिता, गुरु व आराध्य परमपिता परमेश्वर का जिनका शुभाशीष सदैव स्नेह सलिल बरसाता रहा और मुझ पिपासु की प्यास बुझाता रहा। बाल्यावस्था से किशोरावस्था में प्रवेश तथा उस भोली दुनिया से यथार्थ-बोध तक का सफर मेरे मानस पटल पर आज भी यथास्थिति अंकित है। सच में वह मेरी भोली दुनिया थी। हर किसी की बात सच मान लेना, हर किसी की बातों में आना भोलापन नहीं तो और क्या है। यह देखकर मेरी पूज्य माता जी कहा करती थीं तुम कैसे हो? बेटा अक्ल व सूझबूझ से काम लिया करो। वक्त बड़ा खराब है इसलिए इतनी शराफत भी ठीक नहीं जिससे सामने वाला तुम पर हावी हो जाए और तुम्हारी शराफत का नाजायज फायदा उठाए। तब ये बातें समझ में नहीं आती थीं और ऐसा लगता था सब कुछ तो ठीक-ठाक चल रहा है फिर माँ ऐसा क्यों कहती है। समय बीतता गया और आवरण हटता गया। इस बीच इंसान के हर रूप को मैंने करीब से देखा। कहीं आधुनिकता की चकाचौंध से खोया मानव, कहीं भूख-प्यास से रोया मानव, कहीं अन्याय-अत्याचार तो कहीं शोषण-बलात्कार, दगाबाजी, स्वार्थ, लूट-खसोट और न जाने क्या-क्या। जो कुछ देखा वह मृदुल व भावुक हृदय को झकझोरने के लिए काफी था।

09 जून, 1996 का वह ऐतिहासिक दिन जब माँ शारदा की असीम अनुकंपा और प्रभु-प्रेरणा से हृदय के तार झंकृत हुए और आम आदमी का दर्द मेरे हृदय से अनायास ही गीत बनकर फूट पड़ा। मैंने पहली बार महसूस किया कि मेरी अंतरात्मा मुझे नवसृजन करने के लिए प्रेरित कर रही है। मैंने अपनी अंतरात्मा की आवाज सुनकर लेखनी उठाई और उसी समय एक गीत लिखा और संगीतबद्ध भी किया। मेरी पहली रचना की प्रारंभिक पंक्ति "यह जीवन इस धरती पर पानी का बुलबुला है" है। शेहू बाग में 9 जून की सांयकालीन बेला में घर के आँगन में बैठे हुए जो ज्योत मेरे

अंतर्मन में जगी थी वह अखण्ड ज्योत आज भी मेरा पथ-प्रशस्त कर रही है और मुझे निरंतर प्रगति पथ पर अग्रसर होने की प्रेरणा दे रही है। विगत चौबीस वर्षों से मेरी लेखनी अनवरत नवसृजन कर रही है और इसी साहित्य-साधना का मूर्त रूप 'संघर्ष जारी है' काव्य संग्रह आज आपके हाथों में है।

मैं प्रेम, त्याग और तपस्या की मूर्ति आदरणीय अग्रज श्री मोहन सिंह ठाकुर व समादृत श्रीमती चंचल ठाकुर का हृदय से आभारी हूँ जिनका स्नेह, सहयोग तथा शुभाशीष मुझे निरंतर मिलता रहा है। उनकी कर्मठता, शालीनता और महान व्यक्तित्व मेरे लिए सदैव अनुकरणीय है।

मैं ऋणी हूँ उन तमाम मित्रों, शुभचिंतकों तथा सुधी पाठकों का जिन्होंने मुझे सदैव नवसृजन के लिए प्रोत्साहित किया। आज मेरी कविताएं राष्ट्रीय तथा अंतर्राष्ट्रीय पत्र-पत्रिकाओं व काव्य-संकलनों में प्रकाशित हो रही है। समय-समय पर देश की कई प्रतिष्ठित संस्थाओं ने मुझे साहित्यिक सम्मानों से सम्मानित कर निरंतर नवसृजन के लिए प्रेरित किया है। मैं उन सभी महान विभूतियों का आभारी हूँ जिन्होंने हर क्षण मेरा साथ दिया और मुझे अपना असीम स्नेह, सहयोग तथा आशीर्वाद दिया है। मुझे आशा ही नहीं बल्कि पूर्ण विश्वास भी है कि 'संघर्ष जारी है' काव्य संग्रह में संकलित कविताओं का रसास्वादन कर पाठकगण अवश्य अभिप्रेरित तथा आनंदित होंगे।

शेष शुभ

दिनांक : 15.04.2022

डॉ. चमन सिंह ठाकुर

कविता का आंतरिक पक्ष

भारतीय काव्य साधना के वर्तमान स्वरूप में डॉ. चमन सिंह ठाकुर ऐसे प्रतिभाशाली कवि हैं, जिन्होंने शताब्दियों की संकुचित सीमाओं का उल्लंघन कर भारतीय जनता का पथ आलोकित करने का काम किया है और सच्चे अर्थों में जनजीवन का नायकत्व किया है। डॉ. चमन सिंह ठाकुर एक महान युवा कवि हैं। 'संघर्ष जारी है...' डॉ. सिंह का दूसरा बहुचर्चित काव्य संग्रह है। काव्य-संग्रह के माध्यम से कवि ने अपने यायावरीपन को विश्वव्यापी जिंदगी देने का काम किया है। उनकी कविता की शक्ति में इतनी गहरी आस्था और ऐसा प्रबल विश्वास है कि सामान्य मनुष्य को उसमें अपनी आस्था और विश्वास दिखाई पड़ता है। कवि के पास अनुभवों की विशाल संपदा है जिसे कवि-कर्म में उतारने की उनमें असाधारण क्षमता एवं कौशल है। अपनी परंपरा, संस्कृति, धर्म तथा देशज समाज और अपनी ज़मीन से उन्हें गहरा लगाव है।

लोकप्रिय कवि डॉ. चमन सिंह ठाकुर अपनी कविताओं के माध्यम से जितना बाहरी यथार्थ की रचना करते हैं, उससे कहीं अधिक आंतरिक यथार्थ की। कवि के आंतरिक जीवन की छटपटाहट, खामोशी और द्वंद्व कलम के माध्यम से जब कागज़ पर साकार हो उठता है, तब यथार्थ की असलियत से हम रु-ब-रु होते हैं। संग्रह की प्रारंभिक कविताओं को पढ़ने के बाद यह ज्ञात होता है कि कवि के अंदर कोई गहरी टीस है। यह पीड़ा कवि की अपनी है किंतु यही पीड़ा जब कविता के माध्यम से पाठक के सामने आती है तो वह कवि की अपनी निजी अभिव्यक्ति न होकर सामाजिक हो जाती है।

डॉ. सिंह के कहने का ढंग अपना और निजी है। समकालीन कवियों से इनका न तो शब्द-विधान मिलता है और न ही बिंब-विधान। जीवन को देखने का इनका दृष्टिकोण भी अलग है। इनके जीवनरूपी परिवेश पर जो प्रभाव पड़ता है, वही व्यथा मौलिक होकर कविता के माध्यम से कागज पर उतरती है। इनकी अभिव्यक्ति का अंदाज अन्य कवियों से काफी अलग है। यही कारण है कि पाठक इनकी कविताओं के विषय में पहले से ही कोई धारणा नहीं बना सकता है कि अभिव्यक्ति का ऐसा ही विधान होगा। कविता कवि के पावन हृदय से फूटकर कहीं आकर टकराती है और अपना रहस्यमयी आकार ग्रहण कर लेती है। कवि डॉ. चमन सिंह ठाकुर की कविताएं उनकी अपनी आत्माभिव्यक्ति है। यही कवि की काव्यात्मक विशेषता एवं अद्वितीयता है।

डॉ. चमन सिंह ठाकुर के दूसरे काव्य संग्रह 'संघर्ष जारी है...' में कुल तिरेसठ कविताओं को सम्मिलित किया गया है। ज्ञान की देवी माँ शारदे तथा प्रथम देवता गणेश जी की वंदना से

काव्य-संग्रह की शुरुआत की गई है। इसके बाद कवि जिस गहरे यथार्थ में उतरता है उससे हम आँखें बंद नहीं कर सकते। कवि 'संघर्ष जारी है' कविता के माध्यम से अपने निजी संघर्ष को बयां कर रहा है–

संघर्ष जारी है...
"नव–सृजन की तैयारी है
संघर्ष मेरा जीवन साथी
बू संघर्ष की उर से आती
जन्म से रहा संघर्ष से नाता
जिजीविषा हर क्षण मैं पाता
संघर्षों में जन्मा, संघर्षों में पला
मत पूछो संघर्ष है क्या बला।"

किंतु कवि आगे इन संघर्षों से उबरने और अपने भीतर अखंड ज्योति जलने की बात करता है। इससे यह साफ है कि कवि बाधाओं से हार नहीं मानता बल्कि संघर्ष करते हुए वह नयी राह स्वयं बनाता है –

"जगी है अखंड ज्योत ज़हन में
उजाला फैलाने को चमन में
संकल्प यही, विश्वास यही
हर्ष यही, उल्लास यही
न रुकेंगे, न झुकेंगे
न थकेंगे, न हारेंगे
चलते रहेंगे उस जहां तक
जहाँ जाना बाकी है
जहाँ जाना बाकी है
संघर्ष जारी है
नव–सृजन की तैयारी है।"

कवि जीवन से हार मानने वाला नहीं है। वह मानो लोगों को यह संदेश देना चाह रहा है कि रुकना निष्क्रिय हो जाने के बराबर है–

"बस चलते जाना है
न लेना रुकने का नाम
रुकना निष्क्रिय हो जाना है
बस चलते जाना है।"

'मानव अंधा हो गया' कविता में कवि ने आधुनिकता में झिझती मनुष्यता को दिखाने का प्रयास किया है। यह सत्य भी है कि आधुनिकता ने जीवन शैली के स्तर पर लोगों को जितना आगे किया है उतना दृष्टि के स्तर पर नहीं। आधुनिकता व्यक्ति के विचार को प्रगतिगामी बनाती है। जीवन और जगत को समझने की एक दृष्टि प्रदान करती है, किंतु व्यक्ति की जब यही दृष्टि असत्य की ओर मुड़ जाए तो उसे छद्म आधुनिकता ही कहा जा सकता है। कवि की पीड़ा उस संबंध में कुछ इसी तरह से अभिव्यक्त हुई है –

"ना जाने क्यों मानव अंधा हो गया

आज किसे फिक्र गंतव्य की

सबका काला धंधा हो गया

असत्य की लग रही ऊँची बोली

क्यों सत्य बेचारा मंदा हो गया

शुद्धता आज कहीं लुप्त हो गई

मिलावटी भाव चंगा हो गया

आधुनिकता की चकाचौंध में

देखो आज मानव नंगा हो गया।"

कविता, कवि और पाठक के बीच संवाद स्थापित करती है। कवि भले ही अपनी बात कह कर मुक्त हो जाता है लेकिन उसकी मुक्ति सही अर्थों में पाठक/समाज तक उसकी बात पहुँच जाने में होती है। कविता का उद्देश्य मनुष्य का मनोरंजन मात्र नहीं है, बल्कि मनुष्य और समाज का जीता-जागता चित्र प्रस्तुत करना होता है। जाहिर है कि ऐसी कविताएँ मनुष्य का वास्तविक यथार्थ प्रस्तुत कर सकने में समर्थ होती हैं –

"कितने रूप हैं इन बहुरूपियों के राही

विष उगलने वाला हितैषी बन जाता है

स्नेह, सद्भाव भरा है क्या कोई रिश्ता

गहन संबंधों पर प्रश्नचिन्ह लग जाता है

सावधान रहना इन बहुरूपियों से 'चमन'

यहाँ कदम-कदम पर चेहरा बदल जाता है"

जागरूक कवि अपने समय के समाज से अलग नहीं रह सकता। उसकी काव्य-संवेदना उसके सामाजिक दृष्टिकोण से प्रभावित होती है। समाज की यह विडंबना ही है कि वह अपने दायित्वों का सही रूप में निर्वहन नहीं कर पा रहा है। वह केवल हिंदू-मुस्लिम की संकीर्ण सोच में उलझ कर रह गया है। कवि भारतीय सामाजिक स्थिति की इस छीझति मानसिकता से आहत हो कर कहता है –

"हिंदु-मुस्लिम, सिख इसाई

सबका एक ठिकाना

एक खुदा के बन्दे सारे

सबको गले लगाना

मानवता के पथ पर

तुम निशदिन बढ़ते जाना।"

कवि व्यवस्था से न केवल दुखी है बल्कि व्यवस्था से पिसते लोगों की उसे चिंता भी है। उसकी चिंता के पीछे उसकी गहरी संवेदना है। यह करुणा उन लोगों के प्रति है जो रोजी-रोटी के लिए जद्दोजहद कर रहे हैं और जो खेतों, या कहीं सड़क पर श्रम कर रहे हैं तथा जिनकी आवश्यकताएँ छोटी होती हैं। कवि ने ग्रामीण परिवेश और किसानों की समस्याओं का सजीव चित्रण किया है। चूँकि कवि स्वयं इसी वर्ग का आदमी है, इसलिए उसका जुड़ाव इनसे होना स्वाभाविक है –

"मेरे साथ चलो मेरे गाँव में

जहाँ तपती प्रचंड धूप में

हल जोत रहा किसान

और जूता नहीं पाँव में

मेरे साथ चलो मेरे गाँव में।"

कवि अपने समय की विसंगतियों से न केवल रु-ब-रु है बल्कि आहत भी है, लेकिन ऐसा नहीं है कि उसकी उम्मीदें खत्म हो चुकी हैं। वह कहता है –

" करने को नव-निर्माण धरा पर

तन्मयता से जुट जाना होगा

तोड़ दीवारें नफरत की

प्रेम पुष्प विकसाना होगा
आसान नहीं मंजिल अपनी
तूफानों से टकराना होगा
इस कंटीले दुर्गम पथ पर
चलकर हमें दिखाना होगा।"

कवि डॉ. चमन सिंह ठाकुर की कविताओं में आभिजात्य जीवन और बाज़ारवाद पर तीखा प्रहार है। ये दोनों एक दूसरे से जुड़े हुए हैं। समाज में वर्ग-विभाजन और असमानता इस कदर व्याप्त है कि एक तरफ सुख सुविधाओं के सारे सामान हैं तो दूसरी तरफ खाने के लिए लोगों को जद्दोजहद करनी पड़ रही है। कवि की पीड़ा उसकी कविताओं में स्पष्ट रूप से दिखाई देती है –

"यहाँ कौन पूछता है किसी को
भूखा-नंगा, घुटता-पिसता
सबका अपना-अपना रास्ता है
यहाँ अजनबी से हैं सब
किसका किससे वास्ता है।"

चूँकि कवि डॉ. चमन सिंह ठाकुर लंबे अरसे से अध्यापकीय पेशे से जुड़े हुए हैं। देश के सबसे सम्वेदनशील माने जाने वाले क्षेत्र जम्मू कश्मीर में काफी समय तक पढ़ाते रहे हैं। बावजूद इसके कि बिना किसी भय के वह अपने नैतिक दायित्व का निर्वहन करते रहे। स्वयं एक शिक्षक होते हुए भी उन्होंने अध्यापक की गिरती स्थिति पर चिंता जाहिर की है। यह सही भी है कि शिक्षक आज के समय में जितना अपने बच्चों के लिए चिंतित है उसका आधा भी उन विद्यार्थियों के लिए नहीं है जिनकी बदौलत उनके घरों के तवे पर रोटी पड़ती है। अध्यापक आज अपने पेशे से न केवल नीचे गिरा है बल्कि वह सत्ता-प्रतिष्ठान के समक्ष समझौता परस्त भी हो चुका है। पद-प्रतिष्ठा की होड़ में वह देश के भविष्य का कितना नुकसान कर रहा है शायद उसे ज्ञात ही नहीं है। शिक्षक विद्यार्थी को आत्मा की अनुभूति कराता है। वह सांसारिकता से परे विद्यार्थियों में विश्व मानवता की ज्योति जलाने का काम भी करता है –

"शिक्षक वही कहलाता है
जो न काम से जी चुराए
सर्वत्र ज्ञान का प्रकाश फैलाए
आत्मानंद की अनुभूति कराकर

वसुधैव कुटुम्बकम का पाठ पढ़ाए ।"

प्रस्तुत संग्रह में कई ऐसी कविताएँ हैं जिनमें घर, परिवार, समय, समाज की चिंता एवं बेचैनी है । सभी कविताओं में आम आदमी की ही केंद्रीयता है । यह आम आदमी खेत-खलिहान, सड़क, ढाबा और घरों में दिहाड़ी पर काम करने वाले लोग हैं । उनकी कविता के भाव में पॉश कॉलोनियों में पहरेदारी करने वाला वह खाँसता बूढ़ा भी है जो स्वयं भार होती जिंदगी से जूझ रहा है । कवि को ऐसे वंचित अभावग्रस्त लोगों के पसीने की गंध की ताकत मालूम है ।

डॉ. सिंह जनपक्षधर के कवि हैं । इसलिए उन्होंने सरकार की नीतियों तथा जनकल्याणकारी योजनाओं को भी अपनी कविता में शामिल किया है । कवि स्वच्छ भारत अभियान को सफल बनाने जागरूकता पैदा करने के लिए देशवासियों से आह्वान कर रहे हैं –

"स्वच्छता का अभियान चला है

स्वच्छ भारत बनाने को

तैयार हो जाओ देशवासियों

कूड़ा कचरा उठाने को ।"

इस प्रकार कवि सरकार की योजना का समर्थन करते हुए देश की बेटियों को उचित शिक्षा, सम्मान और समान अवसर प्रदान करने के लिए देशवासियों से आह्वान करते हैं –

"बेटी बचाओ बेटी पढ़ाओ

यह देश का नारा है

सम्मान करो हर बेटी का

यह आह्वान हमारा है ।"

कवि की भाषा सहज एवं सरल है । कविता-विधान के लिए उन्हें किसी नकली भाषा की जरूरत नहीं पड़ी । कविता की भाषा उनकी अपनी है जो जनसाधारण की आम भाषा है । वे चम-चम करती चिकनी एवं चमत्कारी भाषा के कवि नहीं हैं । यही कारण है कि उनकी कविताओं में शिल्प की दुरूहता एवं चमत्कार जैसे रीतिकालीन कवियों के गुण दिखाई नहीं देते । कवि सहज रूप में मजबूत बात कहकर आगे निकल जाने की कला में निपुण है । वे शिल्प की ओट से विरोधाभासी मंतव्य को व्यंग्यात्मक रूप में प्रकट कर लोगों को सोचने के लिए विवश कर देते हैं । यही एक सफल कवि की विशेषता भी है ।

-डॉ. अरविन्द कुमार उपाध्याय

उत्तर प्रदेश, भारत

संघर्ष जारी है

संघर्ष जारी है
नव–सृजन की तैयारी है
जन्म से रहा संघर्ष से नाता
जिजीविषा हर क्षण मैं पाता
संघर्ष मेरा जीवन साथी
बू संघर्ष की उर से आती
संघर्षों में जन्मा, संघर्षों में पला
मत पूछो संघर्ष है क्या बला
कभी आँधियों ने झकझोरा
कभी भव–बाधाओं ने तोड़ा
क्या अवरोधों से रुका मैं
क्या भव–बोझों से झुका मैं
बढ़ रहे पग प्रगति पथ पर
नव–सृजन करने को तत्पर
संघर्ष जारी है
नव–सृजन की तैयारी है....।
जगी है अखंड ज्योत ज़हन में
उजाला फैलाने को चमन में
संकल्प यही, विश्वास यही
हर्ष यही, उल्लास यही
न कभी रुकेंगे, न झुकेंगे
न कभी थकेंगे, न हारेंगे
चलते रहेंगे उस जहां तक
जहाँ जाना बाकी है जहाँ जाना बाकी है
संघर्ष जारी है
नव–सृजन की तैयारी है...

बेटी बचाओ, बेटी पढ़ाओ

बेटी बचाओ, बेटी पढ़ाओ
जन-जन का यह नारा है
सम्मान करो हर बेटी का
आज यह आह्वान हमारा है।

बेटी बचेगी हर बेटी पढ़ेगी
वह कदम से कदम मिलाएगी
अवसर दो उसे आगे बढ़ने का
वह नया इतिहास बनाएगी।

अब बेटी किसी से कम नहीं
क्यों कहते हो उसमें दम नहीं
देखी है प्रतिभा सबने उसकी
क्यों टूटा फिर भी भ्रम नहीं।

मत आँको बेटी को कमतर
वह देवी है सम्मान करो
कभी बेटों की अंधचाह में
मत उसका अपमान करो।

क्यों होती है कन्या भ्रूण हत्या
क्यों बेटा अधिक प्यारा है
सम्मान करो हर बेटी का
आज यह आह्वान हमारा है।

आओ प्रण करें मिलकर सभी
अब बेटी को खूब पढ़ाना है
शिक्षित होगी गाँव-शहर की बेटी
हर बेटी को स्वाबलंबी बनाना है।

बेटी होती है रौनक हर घर की
बेटी से ही हर घर उजियारा है
सम्मान करो हर बेटी का
आज यह आह्वान हमारा है।

बस चलते जाना है

बस चलते जाना है
न लेना रुकने का नाम
रुकना निष्क्रिय हो जाना है
बस चलते जाना है...
मानुष देह अति दुर्लभ
वक्त रहते संभल जाना है
हर विपदाओं–विषमताओं में
किंचित नहीं डगमगाना है
बस चलते जाना है...
न कभी कर बुरा करे
न कभी नैन बुरा निहारे
मन – बुद्धि पावन कर
सर्वत्र प्रकाश फैलाना है
बस चलते जाना है...
संपूर्ण विश्व हो अपना घर
समस्त देश हो भाई–भाई
भेद–भाव सब मिट चले
धरती को स्वर्ग बनाना है
बस चलते जाना है...।

मानव अंधा हो गया

न जाने क्यों मानव अंधा हो गया
आज किसे फिक्र गंतव्य की
सबका काला धंधा हो गया
महज धन जोड़ना, संचय करना
छली-कपटी हर बंदा हो गया
असत्य की लग रही ऊँची बोली
क्यों सत्य बेचारा मंदा हो गया
शुद्धता कहीं अब लुप्त हो गई
मिलावटी भाव चंगा हो गया
आधुनिकता की चकाचौंध में
आज क्यों मानव नंगा हो गया
भूल गए लोग मिलजुल कर रहना
जाति-धर्म के नाम पर दंगा हो गया
मानवीय मूल्य कहीं खत्म हो गए
मानव बेतरस और बेढंगा हो गया
निहार पथ पर कई वीभत्स दृश्य
निज विकल कवि मन रो गया
खुलेआम हो रहा है अंग-प्रदर्शन
मानव अश्लीलता में खो गया
न जाने क्यों मानव अंधा हो गया
आज किसे फिक्र है गंतव्य की
यहाँ सबका काला धंधा हो गया।

स्वच्छ भारत अभियान

स्वच्छता का अभियान चला है
सुन्दर स्वच्छ भारत बनाने को
तैयार हो जाओ देशवासियो
अब कूड़ा-कचरा उठाने को।
मत फेंको सड़क पर कूड़ा
मत करो गंदा नदी-नालों को
भारत है एक पावन धरती
दिखा दो दुनिया वालों को
एक स्वर हो, एक संकल्प
प्रदूषण मुक्त भारत बनाने को
तैयार हो जाओ देशवासियो
अब कूड़ा-कचरा उठाने को।
न गंदगी फैलाएंगे जीवन में
न किसी को कहीं फैलाने देंगे
हर सभ्य देशभक्त भारतवासी
आज मिलकर यह संकल्प लेंगे
न विरोध है न अवरोध कोई
स्वच्छ नया भारत बनाने को
तैयार हो जाओ देशवासियो
अब कूड़ा-कचरा उठाने को।
जन-जन को जगाना होगा
भारत को स्वच्छ बनाना होगा
अवतारों की पावन धरा को
मिलकर हमें सजाना होगा
बुलंद करो आवाज अपनी
अब जन-जन को जगाने को

तैयार हो जाओ देशवासियो
अब कूड़ा-कचरा उठाने को।
हालात कभी स्वयं नहीं सुधरेंगे
एकजुट होकर आगे आना होगा
कहने से कभी कुछ नहीं होगा
कुछ करके ही दिखाना होगा
आओ मिलकर कदम बढ़ाएँ
निज पावन धरा सजाने को
तैयार हो जाओ देशवासियो
अब कूड़ा-कचरा उठाने को।
आज तीव्र गति से बह रही है
गाँव-शहर में विकास की धारा
दुनिया में अब सम्मान बढ़ा है
तेजी से बदल रहा देश हमारा
निर्मल गंगा अभियान चला है
गंगा की जलधार बचाने को
तैयार हो जाओ देशवासियो
अब कूड़ा-कचरा उठाने को।

मेरे गाँव में

मेरे साथ चलो मेरे गाँव में
जहाँ तपती प्रचण्ड धूप में
हल जोत रहा किसान
और जूता नहीं पाँव में
मेरे साथ चलो मेरे गाँव में।

मेरे साथ चलो मेरे गाँव में
वहाँ वंचित ग्रामीणों से पूछो
जीवन की विषमता और संघर्ष
महसूस करो पीड़ा उनकी
बैठे हो क्यों घनेरी छाँव में
मेरे साथ चलो मेरे गाँव में।

मेरे साथ चलो मेरे गाँव में
जहाँ आटा और दाल नहीं
मगर अशांति का सवाल नहीं
जहाँ पूर्ण आशा और उमंग है
असीम स्नेह-सद्भावना संग है
अरे! सुविधाभोगी आँख खोलो
मानव हो तुम कुछ तो बोलो
बैठे हो क्यों जर्जर नाँव में
मेरे साथ चलो मेरे गाँव में
जहाँ तपती प्रचंड धूप में
हल जोत रहा किसान
और जूता नहीं पाँव में
मेरे साथ चलो मेरे गाँव में।

नेकी-बदी साथ होगी

यहाँ न अपनी यह जमीन होगी
न अपना यह आसमान होगा
तुम्हीं बताओ हे जग के स्वामी
फिर कहाँ अपना ज़हान होगा?
टूट जाएँगे जग के ये बंधन सारे
जिस पल अपना महाप्रस्थान होगा
रोएँगे बिलख-बिलख कर स्वजन
जिस दिन अपना देहावसान होगा
विलीन हो जाएगी देह पंचतत्त्व में
आत्महीन देह का घर श्मशान होगा
थम जाएगा कारवाँ जग जीवन का
यह देखकर हर कोई परेशान होगा
क्या कहें कैसे निकलेगी अंतिम साँसें
नामालूम क्या विधि का विधान होगा
चीख पुकार होगी घर आँगन में बहुत
क्या इस जीवन का शेष निशान होगा
क्या कहें कुछ ऐसे ही दिन निकलेगा
कुछ ऐसे ही फिर अंधेरी रात होगी
बहेंगे अश्रु दो-चार दिन आँखों से
कुछ ऐसे ही फिर दुख की बात होगी
दफन होगा अतीत के पन्नों में सबकुछ
क्या पास होगा, नेकी-बदी साथ होगी।

गुजर जाएगा बुरा दौर

काँटों भरी हो जीवन की राह
तो क्या छोड़ दोगे जीने की चाह
यह जीवन फूलों की सेज नहीं
मुश्किलें तो आती है आएंगी
त्याग जिजीविषा दुर्गम पथ पर
क्या यह जिंदगी सँवर पाएगी?
त्याग शैय्या मुसाफिर आँखें खोलो
मत करो अन्याय इस जीवन संग
आधि–व्याधियों को दूर भगाकर
भर दो व्यथित उर में नव उमंग
वह जीवन कहो किस काम का
जिस जीवन में भरी निराशा हो
जहाँ आशा की कोई किरण नहीं
और नित नकारात्मक भाषा हो
छोड़ दो घुट – घुट कर जीना
हर चुनौती को स्वीकार करो
चलो अकेले जीवन पथ पर
मत किसी का इंतज़ार करो
झंझावात कई होंगे पथ पर
मगर होगा कोई साथ नहीं
तुम धैर्य धर कर चलते जाना
यहाँ घबराने की कोई बात नहीं
होंगे कदम मंजिल पर एक दिन
तुम अपना रास्ता स्वयं बनाना
गुजर जाएगा बुरा दौर भी 'चमन'
तुम सत्य पथ पर रुक मत जाना।

मानवता के पावन पथ पर

मानवता के पावन पथ पर
तुम निशदिन बढ़ते जाना
मानवता की जोत जगाकर
तुम सर्वत्र प्रकाश फैलाना
हिंदु–मुस्लिम, सिख–इसाई
यहाँ सबका एक ठिकाना
एक खुदा के हैं बंदे सारे
तुम सबको गले लगाना
मानवता के पावन पथ पर
तुम निशदिन बढ़ते जाना
हिंसक होते मानव मन को
अहिंसा का पाठ पढ़ाना
नफरत के स्वर छोड़ कर
तुम स्नेह सलिल बरसाना
मानवता के पावन पथ पर
तुम निशदिन बढ़ते जाना
भेदभाव सब मिट जायेंगे
मन में भ्रातृत्व भाव जगाना
मानवता की सेवा में तुम
पूर्ण तन्मयता से जुट जाना
मानवता के पावन पथ पर
तुम निशदिन बढ़ते जाना।

आजकल हम यह क्या सुन रहे हैं

वो हमारी तबाही का जाल बुन रहे हैं
आजकल हम यह क्या सुन रहे हैं
उनका यह रूप देखकर हमें हैरानी है
दिल में दर्द और आँखों में पानी है
ऐसा कुकृत्य कर अब वो क्या करेंगे
हमारी लाश की नौका पर क्या तरेंगे
क्या कहें हम हँसकर ज़हर पी लेते हैं
हम घोर मुश्किलों में भी जी लेते हैं
षडयंत्रों की हम परवाह नहीं करते
साजिश से किसी की हम नहीं डरते
क्या काटेगा कोई गहरी जड़ें हमारी
क्या रोकेगा कोई रोशन राह हमारी
हम चले हैं यूँ सीना तानकर गति से
डरते नहीं हम किसी भौतिक क्षति से
हम सदा मानवता के लिए जीते हैं
कोई हमें यहाँ पूर्ण कहें या रीते हैं
सज्जन, साधुजन सदा सुख देते हैं
दयाहीन दुर्जन दारुण दुख देते हैं
कर्कश हो गए हैं वो हद से ज्यादा
बन रहे हैं जो हमारे पथ की बाधा
वो छोड़कर अब पथ मानवता का
निसंकोच दानवता की राह चुन रहे हैं
अहसान फरामोश, दगाबाज़ सितमगर
आजकल हम यह क्या सुन रहे हैं।

शिक्षक वही कहलाता है

शिक्षक वही कहलाता है
जिसमें शिष्टाचार भरा हो
क्षमाशीलता और प्यार भरा हो
कर्त्तव्यनिष्ठ संस्कार भरा हो
कूट-कूटकर परोपकार भरा हो
शिक्षक वही कहलाता है।
शिक्षक वही कहलाता है
जो अंधकार को दूर भगाए
अंतस में ज्ञान की ज्योत जगाए
तन-मन को नित पावन कर
सबको सभ्य सुसंस्कृत बनाए
शिक्षक वही कहलाता है।
शिक्षक वही कहलाता है
जो न काम से जी चुराए
सर्वत्र ज्ञान का प्रकाश फैलाए
आत्मानंद की अनुभूति कराकर
वसुधैव कुटुम्बकम का पाठ पढ़ाए
शिक्षक वही कहलाता है
शिक्षक वही कहलाता है।

किरायेदार

आखिर किरायेदार ही तो हैं हम
काया के इस कच्चे मकान में
किरायेदार से अधिक हम क्या हैं
झुग्गी–झोंपड़ी या महलों के मालिक
आए और आकर फिर चल दिए
आखिर यहाँ पर क्या अपना है
यह जीवन तो एक सपना है…
यहाँ न जाने कब कितने हुए
अभी कितने हैं और कितने होंगे
घर, गाँव या शहर के मालिक
किसी प्रदेश या देश के मालिक
यहाँ आखिर क्या साथ जाना है
एक दिन सब यहीं छूट जाना है
मगर कौन पूछता है किसी को
यहाँ भूखा–नंगा, घुटता–पिसता
सबका अपना–अपना रास्ता है
अजनबी – सा है हर कोई जग में
किसी का किसी से क्या वास्ता है
आखिर किरायेदार ही तो हैं हम
काया के इस कच्चे मकान में
किरायेदार से अधिक हम क्या हैं
झुग्गी–झोंपड़ी या महलों के मालिक
आए और आकर फिर चल दिए
आखिर यहाँ पर क्या अपना है
यह जीवन तो एक सपना है।

मैं किसके पथ की बाधा हूँ

मेरी मुश्किलें बढ़ाने वाले

खुद मुश्किलों में घिर गए

खोदते-खोदते गड्ढा गहरा

एक दिन खुद गड्ढे में गिर गए

नहीं बढ़ी कभी मुश्किलें मेरी

वो खुद मुश्किलों में पड़ गए

तेज हवा के एक झोंके से

पतझड़ी पत्तों की तरह झड़ गए

न रोक सके वो मुझे बढ़ने से

उन्नति के शिखर पर चढ़ने से

अपना ही नुकसान कर बैठे वो

इस तरह जिद पर अड़ने से

जो दूसरों की नींद उड़ाते हैं

वो खुद भी सो नहीं पाते हैं

छीनकर सुख चैन किसी का

वो खुद भी बेचैन हो जाते हैं

मुझे गिराकर क्या मिलेगा

मैं इन्सान सीधा-सादा हूँ

मैंने कब बुरा किया किसी का

मैं किसके पथ की बाधा हूँ

मत काटो, जड़ें किसी की

मत अन्याय-अत्याचार करो

चाहते हो 'चमन' खुद से जैसा

सबसे वैसा ही व्यवहार करो।

कहाँ गए वो दिन सुहाने

न जाने कहाँ गए वो दिन सुहाने

जब हम खुल कर हँसते-गाते थे

खेलते गली आँगन में मिल-जुल

सब खूब मौज-मस्ती मनाते थे

कहाँ गए अब वो बचपन के झूले

जिन्हें आज तक नहीं हम भूले

कहाँ गए अब वो बचपन के खेल

लड़ना झगड़ना मगर फिर भी मेल

कहाँ गई घर की वो लुका छिपी

जो हमने अपने अग्रजों से सीखी

हर मौसम का एक अपना खेल था

सारे बच्चों में बड़ा अद्भुत मेल था

न जाने कहाँ गए वो दिन सुहाने

जब खुशियों से थे भरे खज़ाने

फिक्र नहीं थी जब कोई कल की

संभावना नहीं थी कोई छल की

बहुत याद आता है वो माँ का प्यार

कितना सुखद था वो स्नेहिल संसार

जब हम नदी में नहाया करते थे

गर्म रेत पर सो जाया करते थे

भरी दोपहर में माँ हमें बुलाती थी

डाँटकर डर पिता का दिखाती थी

बहुत याद आते हैं वो दिन पुराने

जब हम सब हँसते थे, गाते थे

खेलते गली आँगन में मिलजुल

सब खूब मौज मस्ती मनाते थे।

कदम-कदम पर चेहरा बदल जाता है

मत पूछे मुझे अकेले रहना क्यों रास आता है
न चाहकर भी ना जाने कोई क्यों पास आता है
छीन लेता है आकर पलभर में हँसी खुशी मेरी
हर्ष पूर्ण जीवन फिर विषादों से भर जाता है
बहते हैं अनायास उन नयनों से छल के आँसू
यह मासूम दिल न जाने क्यों समझ नहीं पाता है
विस्मृत हो जाता है उसके वाग्जाल में सब कुछ
न जाने क्यों पुनः करुण भाव जाग जाता है
कैसे बाहर निकलूँ षडयंत्रों के इस महाजाल से
सच कहूँ आजकल कुछ समझ नहीं आता है
रौंद डाला निज अस्मिता को जिसके लिए हमने
न जाने क्यों वो पलभर में कृतघ्न बन जाता है
निराशा से न भर जाए जीवन का सफर शेष
न जाने क्यों यह सोच कर मन घबराता है
क्या कहूँ कितने रूप हैं इन बहुरूपियों के
विष उगलने वाला परम हितैषी बन जाता है
यहाँ स्नेह, सद्भावना भरा है क्या कोई रिश्ता
सकल संबंधों पर प्रश्नचिन्ह लग जाता है
बदल जाता है वक्त बदलते ही अपना साथी
न मालूम कैसे कोई इतना कर्कश हो जाता है
देखा है किसी को अपना सब कुछ देकर भी
स्वार्थ सिद्ध होते ही सबकुछ व्यर्थ हो जाता है
तुम सावधान रहना इन बहुरूपियों से 'चमन'
यहाँ कदम-कदम पर चेहरा बदल जाता है।

मत बरसाओ मानव पर गोली

अरे आतंकगृह में पलने वालो
आतंक की राह पर चलने वालो
त्याज्य है यह खून की होली
मत बरसाओ मानव पर गोली

क्यों बन गए हो तुम रक्त पिपासु
क्यों मानव का खून बहाते हो
बच्चे-बूढ़े, निर्दोष नौजवानों को
क्यों मौत की नींद सुलाते हो

क्या तुम्हें तरस नहीं आती
बींधते हुए मासूमों की छाती
बंद करो यह विनाश लीला
छोड़ दो अब यह पथ कंटीला

क्यों जिजीविषा मर गई तुम्हारी
क्यों तोड़ रहे हो मर्यादाएँ सारी
आज चहुँओर है शोर-शराबा
अब बंद करो यह खून-खराबा

सुनो चीत्कार उन इन्सानों की
बिलखते बच्चे-बूढ़े, नौजवानों की
आतंक की राह पर चलने वालो
आत्मघाती हमलावर बनने वालो
त्याज्य है यह खून की होली
मत बरसाओ मानव पर गोली।

आज़ादी कैसे आई थी

तुम पूछो अपने अंतर्मन से
यह आज़ादी कैसे आई थी
सैकड़ों वर्षों की गुलामी से
हमने कैसे मुक्ति पाई थी
भारत माँ के वीरों ने कैसे
आज़ादी की अलख जगाई थी
स्वाधीनता के लिए मर मिटने की
उन्होंने कैसे कसम खाई थी
खड़ग उठाकर रणभूमि में जब
निडर होकर लक्ष्मीबाई आई थी
नितांत अकेले रणभूमि में फिर
अंग्रेजों को कैसे धूल चटाई थी
माँ भारती के महान शूरवीरों ने
जब क्रान्ति की मशाल जलाई थी
सैकड़ों वर्षों की गुलामी से हमने
बड़ी मुश्किल से मुक्ति पाई थी
गर्म–नर्म दल के क्रांतिवीरों ने
आज़ादी की बिगुल बजाई थी
सुभाष, भगत सिंह, आज़ाद ने
कैसे अंग्रेजों की नींद उड़ाई थी
गाँधी जी के अनशन सत्याग्रह ने
भारत की सोई आत्मा जगाई थी
बाल, पाल और लाल ने मिलकर
अंग्रेजों में खलबली मचाई थी
हज़ारों क्रांतिवीरों ने मिलकर
अपनी जान की बाज़ी लगाई थी

सैंकड़ों वर्षों की गुलामी से हमने
संगठित होकर मुक्ति पाई थी
कैसे भूल सकते हैं आज हम
उनके उन अमर बलिदानों को
जय हिंद का जयघोष करने वाले
अपने देशभक्त वीर जवानों को
सहस्र यातनाएं सहकर भी जो
सदा स्वराज के लिए लड़ते रहे
संकल्प लेकर स्वाधीनता के लिए
एकजुट होकर आगे बढ़ते रहे
जान की परवाह न कर जिन्होंने
अंग्रेजी सत्ता को ललकारा था
अन्याय कर रहे अधिकारियों को
जब निर्भीक होकर मारा था
गूँज उठी गाँव-शहर की सड़कें
यहाँ जब इंकलाब के नारों से
गूँज उठा देश का कोना-कोना
भारत माता की जयकारों से
सुभाष चंद्र बोस ने जब अपनी
आजाद हिन्द फौज बनाई थी
सैंकड़ों वर्षों की गुलामी से हमने
बड़े संघर्षों से मुक्ति पाई थी।

बस इतना ही अपना मेल था

क्या कहें किसी कर्कश को हम
हमने कुछ कहना छोड़ दिया है
बहुत उम्मीदें थीं जिससे हमें
आज उसी ने दिल तोड़ दिया है
क्या करें हम उम्मीद उससे
अब आजीवन साथ चलने की
कोई कसर नहीं छोड़ी जिसने
दगा देकर हमें छलने की
जो कसमें खाते थे कभी
जीवन भर साथ निभाने की
वो धमकी पर उतर आए हैं
आज हमें मिट्टी में मिलाने की
जब तक जरूरत थी हमारी
वो हमें भगवान बताने लगे
आजकल जब ज़रूरत न रही
तो फिर आँख दिखाने लगे
कभी निज दुर्दशा पर जब वो
बिलख – बिलख कर रोते थे
जिजीविषा त्याग कंटीले पथपर
जब नीरस जीवन भार ढोते थे
तब निराशाओं से बाहर निकाल
हमने ही उन्हें गले लगाया था
थाम कर हाथ दुर्गम पथ पर
फिर चलना उन्हें सिखाया था
बदल गई सहसा नज़र उनकी
वो हमें दगा देकर दूर हो गए

बसा कर अपनी दुनिया अलग
न जाने क्यों इतने क्रूर हो गए
वो भूल गए अतीत अपना
जब वो मन्नत माँगा करते थे
हमें पाने की चाह में बरसों
जब रात भर जागा करते थे
सींचकर अपने खून से कभी
जिसको हमने आबाद किया
न जाने क्यों वक्त आने पर
उसने ही हमें बरबाद किया
कुछ नहीं किया किसी के लिए
जो किया नियति का खेल था
वो खुश रहें अपनी दुनिया में
बस इतना ही अपना मेल था।

अकेला ही अब चल रहा हूँ

सम्भल-सम्भल कर चल रहा हूँ

घोर अंधेरों से बाहर निकल रहा हूँ

अकेला हूँ इस भीड़ भरी दुनिया में

नितांत अकेला ही अब चल रहा हूँ।

कब कौन चला यहाँ साथ मेरे

किसने दूर किए पथ के घने अंधेरे

स्वार्थ सिद्ध होते ही स्वार्थी जग में

बैठ जाते हैं लोग दूर मुँह फेरे।

मुश्किलों में कौन साथ चलता है

अंधेरों में कौन दीप बनकर जलता है

वक़्त बदलते ही इस जीवन पथ पर

हर कोई अपना रूप बदलता है।

खोज रहा हूँ जीवन सत्य कब से

ऊब चुका हूँ यहाँ मिलकर सब से

कौन है इस संसार में सच्चा साथी

पूछ रहा हूँ अहर्निश अपने रब से।

स्तब्ध हूँ यह जानकर इस जग में

क्यों आदमी-आदमी से जलता है

क्यों स्नेह सलिल बरसाने वाला

हर शख़्स दग़ाबाज़ निकलता है।

सम्भल-सम्भल कर अब चल रहा हूँ

पथ पर दीपक बन कर जल रहा हूँ

अकेला हूँ इस दुनिया में 'चमन'

नितांत अकेला ही अब चल रहा हूँ।

जब से उनको नए ठिकाने मिल गए

देख रहा हूँ जब से उनको कुछ नए ठिकाने मिल गए
ऐसे लगता है जैसे दूर जाने के कई बहाने मिल गए
खुश हैं वो हमें दगा देकर अपनी दुनिया में इस कदर
ऐसे लगता है जैसे खुशियों के कई खजाने मिल गए
पाँव जमीं पर नहीं उनके वो आजकल ऐसे उछल रहे हैं
जैसे मौसमी डीमक में फिर से नए पर निकल रहे हैं
उन्हें न परवाह है रिश्तों की, ना कोई चिन्ता किसी की
ऐसे लगता है वो जान–बूझकर भावनाएँ कुचल रहे हैं
अभी वक्त है संभलने का वो संभल नहीं पा रहे हैं
लाख समझाने पर भी वो न जाने क्यों दूर जा रहे हैं
बिसर कर सुखद स्नेहिल सम्बंधों की सीमाएँ सकल
ना जाने क्यों वो बड़ी बेरहमी से इतना सता रहे हैं
जो सुनते नहीं कुछ क्या कहें ऐसे पत्थर दिल इंसान से
देखकर कुछ हरकतें उनकी रहने लगे हैं हम परेशान से
क्या कहें ऐसे दग़ाबाज़ों को क्या अब उनकी बात करें
तोड़ डाला जिन्होंने हमें अपनी जिद और जुबान से
क्या शिकायत करें अब बदले हुए वक्त और हालातों से
आहत हूँ डर लगता है आजकल इन घनी अंधेरी रातों से
कुछ समझ नहीं आ रहा यह देख मस्तक फटा जा रहा
कैसे बाहर निकलें बुरे दौर के इन कठिन सवालातों से
देख रहा हूँ जब से उनको कुछ नए ठिकाने मिल गए
ऐसे लगता है जैसे दूर जाने के कई बहाने मिल गए
खुश हैं वो हमें दगा देकर अब अपनी दुनिया में 'चमन'
ऐसे लगता है जैसे खुशियों के कई खजाने मिल गए।

जहर पीकर भी जिंदा हूँ

उन्हें खुश रहने की कोई अचूक दवा दे रहा हूँ
या बोलकर बेवजह मुश्किलों को हवा दे रहा हूँ
जो बेपरवाह होकर अपनों से मुँह मोड़ रहे हैं
जीवन के संबंधों को बड़ी बेरहमी से तोड़ रहे हैं
क्या उम्मीद करूँ उनसे आज साथ चलने की
कोई कसर नहीं छोड़ी जिन्होंने हमें छलने की
कोशिश करता हूँ जब कभी भी उन्हें समझाने की
हर कोशिश नाकाम हो जाती है उन्हें मनाने की
क्या उम्मीद करूँ उनसे जो कोई बात मानते नहीं
ऐसे लगता है जैसे कीमत रिश्तों की जानते नहीं
वो अपनी दुनिया में आजकल इतने खो गए हैं
ऐसे लगता है हमें छोड़कर किसी गैर के हो गए हैं
यह देखकर इस मासूम दिल में दर्द बहुत गहरा है
मौन हूँ जीवन पथ पर चहुँओर ग़मों का पहरा है
क्या कहूँ मुश्किलें कम होने का नाम नहीं ले रही
या जिंदगी समझदारी से अब काम नहीं ले रही?
लगता है अब जरूर कुछ न कुछ होकर रहेगा
कोई अपना निश्चित ही अपने को खोकर रहेगा
सोचा था कभी एक सुन्दर बाग लगाऊँगा यहाँ
सपनों की एक खूबसूरत दुनिया बसाऊँगा यहाँ
छोड़कर निज खुशियाँ जिसको भी आबाद किया
वक्त बदल जाने पर फिर उसने ही बर्बाद किया
इतना अहसान फरामोश कैसे हो सकता है कोई
गैरों के लिए अपनों को कैसे खो सकता है कोई
गिर जाएगा इस कदर कोई यह जानकर शर्मिंदा हूँ
क्या कहूँ किसी से यहाँ कैसे जहर पीकर ज़िन्दा हूँ

वो खुश रहें अब उन्हें कुछ कहने का कोई अर्थ नहीं
जो परवश हो गए उन्हें समझाने में कोई समर्थ नहीं
जिन्हें फुरसत नहीं आजकल अपनी मौज-मस्ती से
उन्हें क्या मतलब है किसी की डूबती हुई कश्ती से।

भोर हुई अब जाग चमन

नव भोर हुई अब जाग चमन
क्यों लगी है अंदर आग चमन
जो खुश है उसे वहाँ रहने दे
जो कहती है दुनिया कहने दे
हर परिवर्तन को स्वीकार कर
निज गंतव्य पर विचार कर
अब घुट-घुटकर जीना छोड़ दे
झूठे सब लौकिक बंधन तोड़ दे
क्या मिलेगा ऐसे उदास होकर
क्या मिलेगा जीवन शक्ति खोकर
जग में मतलब के सब साथी हैं
यहाँ पर दया किसको आती है
जहाँ वफा की कोई बात नहीं
दुख-दर्द में कोई साथ नहीं
यहाँ कौन किसी के लिए रोता है
कौन अपना सुख चैन खोता है
जो बुरा करता है उसे करने दे
उसके पापों का घड़ा भरने दे
क्यों भैंस के आगे बीन बजाता है
क्यों व्यर्थ किसी को समझाता है
किसी से उम्मीदें करना छोड़ दे
झूठे सब स्वार्थी बंधन तोड़ दे
जो खुश है उसे वहाँ रहने दे
जो कहती है दुनिया कहने दे
नव भोर हुई अब जाग चमन
क्यों लगी है अंदर आग चमन।

होगा शीघ्र ही नया सवेरा

अगर अवरोधों को जिद है आकर हमें मिटाने की
तो हमें भी जिद है नित नया रास्ता बनाने की
हार मानकर व्यर्थ बैठ जाना हमें मंजूर नहीं
बढ़ना है निरंतर आगे मंजिल अपनी दूर नहीं
पथ पर षड्यंत्रों के जो जितने जाल बिछाएगा
अपने ही षड्यंत्रों में वो बुरी तरह फंस जाएगा
रोशन होंगी राहें अब घबराने की कोई बात नहीं
चलो अकेले जीवन पथ पर होगा कोई साथ नहीं
मेघों के छा जाने से तेज रवि का मिट नहीं जाता
सूखा पड़ जाने से नीर सागर का घट नहीं जाता
मुश्किलों भरा दौर आखिर कितनी देर चलता है
वक्त बदलते ही क्षणभर में सबकुछ बदलता है
अगर अँधेरों को जिद है घोर अंधेरा फैलाने की
तो हमें भी जिद है हरपल उजाला फैलाने की।
अब ना कोई याचना होगी और न कोई रण होगा
अब अविलंब नवजीवन का कठोरतम प्रण होगा
कह रहा अन्तर्मन मेरा मिट जाएगा घोर अंधेरा
बीत जाएगी रात घनेरी होगा शीघ्र ही नया सवेरा
आखिर रोशनी के सामने कब अंधेरा टिकता है
सूर्योदय होते ही 'चमन' घोर अंधेरा मिटता है
अगर अँधेरों को जिद है घोर अंधेरा फैलाने की
तो हमें भी जिद है हरपल उजाला फैलाने की।

अपनों ने ही अपनों को जहर पिलाया है

मत पूछो इस जीवन में यह कैसा मोड़ आया है
आज अपनों ने ही अपनों को ज़हर पिलाया है
अपने ही धकेल रहे हैं अब अपनों को अंधेरों में
अपनों का साथ हो तो कहाँ ताकत है गैरों में
क्या शिकायत करूँ अब किसी से इस ज़माने में
यहाँ देर नहीं लगती किसी के बेवफा हो जाने में
बुझाकर दीप पथपर अपने ही अंधेरा कर रहे हैं
जीवन की रंगीन राहों को घोर अंधेरों से भर रहे हैं
कभी सफल नहीं होंगे उनके ये कुत्सित प्रयास
होगा शीघ्र ही उन्हें अपने कुकर्मों का एहसास
झुकेगा माथा शर्म से उनका जब वो राज खुलेंगे
बोए हैं अगर बबूल पथ पर तो कैसे फूल खिलेंगे
अपने ही अपनेपन की परिभाषा बदल रहे हैं
अपने ही विरोधी बन विपरीत दिशा में चल रहे हैं
वो तोड़ रहे हैं आज संबंधों की सीमाएं सारी
ना उन्हें लाज रही न रही किंचित फिक्र हमारी
वो बेरहम–बेवफा, बेफिक्र होकर मुँह मोड़ रहे हैं
बैठाकर कश्ती में हमें मझधार में छोड़ रहे हैं
न कोई अब अपना रहा न अपनों जैसी बात रही
संबंध टूटे, रिश्ते मरे, अधूरी हर मुलाक़ात रही
किस पर भरोसा करें कोई उसके काबिल न रहा
भूल जाते हैं दगाबाज़ आजकल अपना ही कहा
ना जाने क्यों इस जीवन में ऐसा दौर आया है
जब अपनों ने ही अपनों को जहर पिलाया है।

कोई कमतर मत आँके हिंदुस्तान को

मिटा देंगे क्षणभर में आतंकिस्तान को

कोई कमतर मत आँके हिंदुस्तान को

बहुत धरा धीरज भारत देश महान ने

बहुत सही गोलियाँ सैनिक वीर जवान ने

अब विचार नहीं प्रहार होगा स्थायी समाधान को

कोई कमतर मत आँके हिंदुस्तान को ।

सुनो कश्मीर पर बुरी नजर डालने वालो

सदा आतंकियों को घर में पालने वालो

अब कोशिश कर लो तुम चाहे जितनी

खंडित न कर पाओगे भारत महान को

कोई कमतर मत आँके हिंदुस्तान को ।

कहो आज दहशतगर्दी में किसका हाथ है

आत्मघाती दहशतगर्दों के कौन साथ है

सुधर जाओ अरे मानवता के दुश्मन

मिटा देंगे पलभर में नामोंनिशान को

कोई कमतर मत आँके हिंदुस्तान को ।

बहुत सहा, अब सब्र नहीं संग्राम होगा

अब मंजिल पाकर ही विश्राम होगा

आज असीम आक्रोश है गुस्सा भारी

भारत माँ के हर बच्चे-बूढ़े, नौजवान को

कोई कमतर मत आँके हिंदुस्तान को

कोई कमतर मत आँके हिन्दुस्तान को ।

कल आएगा नहीं आज की बात करो

कल-कल करते जीवन निकल जाएगा
कल आएगा नहीं आज की बात करो
मत छोड़ो कल पर कुछ भी कभी
तुम हर काम आज का आज करो
सम्भव होता है सब कुछ जग में
समय संग जीवन का हर काज करो
इंतजार करता नहीं समय किसी का
तुम चाहे जितना भी एतराज करो
समय की गति संग जो चलता है
जीवन में महकता हुआ वो पलता है
कदर समय की जो नित करता है
उसे अभाव समय का नहीं खलता है
समय संग निरंतर चलना सीखो
दीप बन कर नित जलना सीखो
तुम छोड़ कर निज आलस निद्रा
भीड़ से बाहर निकलना सीखो
जीवन का हर एक क्षण सार्थक हो
यह जीवन व्यर्थ ही गुजर जाएगा
स्मरण रहे बीता हुआ वक्त 'चमन'
फिर कभी भी लौटकर नहीं आएगा
कुछ कह रही है यह समय की धारा
कहीं व्यर्थ न गुजर जाए जीवन तुम्हारा
उठो जागो नवजीवन की शुरुआत करो
कल आयेगा नहीं आज की बात करो।

अपने अंदर ही गुम रहता हूँ

नहीं कभी कुछ कहता हूँ

अपने अंदर ही गुम रहता हूँ

चिंतन होता है जिसका जैसा

नजर आता हूँ उसको वैसा

मत पूछो राही मैं कौन हूँ

नैन मूँदकर बैठा क्यों मौन हूँ

यह महज मेरी अंतरमुखता है

क्यों दिल किसी का दुखता है

नहीं कभी कुछ कहता हूँ

अपने अंदर ही गुम रहता हूँ।

नहीं कभी कुछ कहता हूँ

अपने अंदर ही गुम रहता हूँ

मत उकसाओ मुझे कुछ कहने को

जी चाहता है सदैव चुप रहने को

क्या कहूँ यह मेरी जीवन-शैली है

मत पूछो कब कितनी विपदा झेली है

मुझे सुख की कोई चाह नहीं

परेशानियों की कोई परवाह नहीं

मैं हँस कर विष पी लेता हूँ

हर प्रतिकूलताओं में जी लेता हूँ

होती है जिसकी जीवन दृष्टि जैसी

नज़र आती है उसको सृष्टि वैसी

कहो जिसको जो कुछ कहना है

मगर मुझे खामोश ही रहना है

नहीं कभी कुछ कहता हूँ

अपने अंदर ही गुम रहता हूँ।

सन्मार्ग पर लौट जाओ

अंतस में बुझी जीवन की जोत जगाओ
आओ पुन : सन्मार्ग पर लौट आओ
कभी भूलें हुई होंगी तुमसे अनजाने में
उपेक्षित हुए होंगे तुम भी इस जमाने में
बहुत उपालंभ सहे होंगे, बहुत सहेंगे
लोग न जाने कब क्या–क्या कहेंगे
तुम इन झंझावातों से मत घबराओ
आओ पुन : सन्मार्ग पर लौट आओ।
जीवन की राहों में कई मोड़ आते हैं
जो खट्टी–मीठी यादें छोड़ जाते हैं
तुम पश्चाताप करो, परिष्कार करो
बीती को बिसार स्वयं में सुधार करो
जो हुआ उसे फिर से न दोहराओ
आओ पुन : सन्मार्ग पर लौट आओ।
गलतियाँ हो जाती है अनजाने में
मगर निराशा की कोई बात नहीं
बाहर निकलो इस अंधेरे अतीत से
आएगा दिन रहेगी सदा रात नहीं
उठना–गिरना, गिरकर संभलना
तुम निरंतर पावन पथ पर चलना
इस जीवन को 'चमन' व्यर्थ न गँवाओ
आओ पुन : सन्मार्ग पर लौट आओ।

अंदर का इंसान खो गया है

ना जाने कहाँ अब अंदर का इंसान खो गया है
सुना है आजकल असहिष्णु यह ज़हान हो गया है
क्या हुआ जो मुट्ठीभर लोग यहाँ पर बागी हो गए
सदियों से सहिष्णु भारतवासी आज दागी हो गए
आज क्यों उठ रही है उँगलियाँ भारत माता पर
सभ्य सुसंस्कृत माता-पिता और बहन-भ्राता पर?
शांतिप्रिय हम, सदा शांतिप्रिय यह वसुधा हमारी
आज संकीर्णता पड़ रही है क्यों सब पर भारी?
सौहार्दपूर्ण परिवेश में कौन कीचड़ उछाल रहा
कौन गुमराह कर यहाँ सबका खून उबाल रहा?
मत भड़काओ रहने दो शांत इस धरा-गगन को
मत उजाड़ो महकने दो इस मनमोहक चमन को
क्यों इस तरह असहिष्णुता के कटु गीत गाते हो
क्यों प्रेमपूर्ण परिवेश में घोर नफरत फैलाते हो?
विश्वगुरु भारत की क्या अब यही शेष पहचान है
स्नेह-सहयोग भरा क्या अब यही वो हिंदुस्तान है?
छोड़ दो तुम जाति-धर्म के नाम पर दंगे करवाना
छोड़ दो स्नेहिल समाज में अब नफरत फैलाना
सदियों से मिलजुल कर रहना हमारी पहचान है
यह वसुधैव कुटुम्बकम कहने वाला हिन्दुस्तान है
ना जाने क्यों प्रेम पथ पर यह व्यवधान हो गया है
सुना है आजकल असहिष्णु यह जहान हो गया है।

हम उन दीनों के साथी

हम उन दीनों के साथी
जो बदहाली में वक्त बिताते हैं
फटे-पुराने वस्त्र पहनते
नित रूखा-सूखा खाते हैं
हम उन दीनों के साथी
जो पीड़ित-शोषित कहलाते हैं
मूलभूत सुविधाओं से वंचित
मुफलिसी में जीवन बिताते हैं
हम उन दीनों के साथी
जो दबाए-कुचले जाते हैं
और बर्बरता से रईसों की
नित घुटते-पिसते जाते हैं
हम उन दीनों के साथी
जो नेकी की राह अपनाते हैं
सुबह-शाम की रोटी को
दर-दर ठोकर खाते हैं
हम उन दीनों के साथी
जो अभावग्रस्त कहलाते हैं
फटे-पुराने कंबल ओढ़कर
जाड़ों की रात बिताते हैं
हम उन दीनों के साथी
जो सड़क किनारे सोते हैं
भूख प्यास से त्रस्त होकर
कभी फूट-फूट कर रोते हैं।

मिलकर कदम बढ़ाना

मेरे देश के नौजवानों तुम
मिलकर कदम बढ़ाना
मेरे देश के नौजवानों तुम
नित आगे बढ़ते जाना
कभी न रुकना कभी न झुकना
कभी नहीं अलसाना तुम
जीवन के अवरोधों से
किंचित न घबराना तुम
दुनिया तुमको देख रही है
तुम अपना जोश दिखाना
मेरे देश के नौजवानों तुम
मिलकर कदम बढ़ाना ।
जब संकट में हो भारत माता
उसकी लाज बचाना तुम
थाम तिरंगा हाथों में फिर
सरहद पर डट जाना तुम
हरा–भरा हो अपना चमन
तुम मिलकर इसे सजाना
मेरे देश के नौजवानों तुम
मिलकर कदम बढ़ाना ।
युवा भारत जाग रहा है
दुनिया को दिखलाना तुम
गाँधी, गौतम, नानक की
इस वसुधा को महकाना तुम
सत्य–अहिंसा प्रेम रगों में
नित गीत शान्ति के गाना

मेरे देश के नौजवानों तुम
मिलकर कदम बढ़ाना
स्नेह सहयोग भरा हो मन में
स्नेह सलिल बरसाना तुम
तोड़ दीवारें नफरत की
प्रेम पुष्प विकसाना तुम
वैर भाव मिटाकर जग में
तुम भ्रातृत्व भाव जगाना
मेरे देश के नौजवानों तुम
मिलकर कदम बढ़ाना।

क्यों इतने बड़े हो गए हम

आधुनिकता की चकाचौंध में
ना जाने कहाँ खो गए हम
तोड़ सकल संबंधों को आज
क्यों इतने बड़े हो गए हम?
चंद कागज के इन टुकड़ों ने
सुना है अब आँखें फोड़ डाली
लाँघकर जग में सीमाएँ सारी
सकल मर्यादाएँ तोड़ डाली
अब यहाँ गुण-दोषों से नहीं
पैसों से आदमी तोला जाता है
मानवीय मूल्य खत्म हो गए
सर्वत्र पैसा टटोला जाता है
संबंधों की कीमत कम हो गई
संचय की अब दौड़ लगी है
अत्याधुनिक होते परिवेश में
अमीर होने की होड़ लगी है
यहाँ टूट रहे हैं कई रिश्ते-नाते
टूट रहे हैं निशदिन घर-परिवार
कैसे बचेंगे अब स्नेहिल रिश्ते
हो रहे हैं नफरत के तीखे प्रहार
बेईमानों की कोई कमी नहीं
यहाँ बहुरूपियों की है भरमार
बदल जाते हैं वक्त बदलते ही
अकस्मात दगाबाजों के किरदार
बचकर रहना इन बहुरूपियों से
जो चेहरा बदल कर चलते हैं

मीठी-मीठी बातें बोलकर
फिर अपना बनाकर छलते हैं
इन दगाबाजों की दुनिया में
विरला ही कोई इन्सान होगा
खुली किताब जीवन जिसका
अन्दर बाहर एक समान होगा
झूठ फैल रहा है तेज गति से
यहाँ सच को कौन सुन रहा है
बड़ा कठिन है सत्पथ पर चलना
यहाँ सच को कौन चुन रहा है
मानवता निशदिन मर रही है
बढ़ रहा है अन्याय अत्याचार
कौन सुनता है इस निर्मम जग में
दीन दुखियों की दर्द भरी चीत्कार
कहाँ बची है इंसानियत जग में
कहाँ बचा है अब पुण्य परोपकार
यहाँ स्वार्थ भरे सब रिश्ते – नाते
'चमन' स्वार्थ भरा है यह संसार।

क्या वह मानव कहलाता

क्या वह मानव कहलाता

जो मानव का खून बहाता

रक्त-पिपासु बनकर जग में

कभी यत्र-तत्र उत्पात मचाता

छोड़कर पथ स्नेह सद्भाव का

घृणा के नित नव बीज़ उगाता

आतंकियों का आका बनकर

सर्वत्र आतंक का उद्योग चलाता

मानवता का दुश्मन बनकर

जो आत्मघाती हमले करवाता

क्या वह मानव कहलाता

क्या वह मानव कहलाता?

क्या वह मानव कहलाता

जो दानवता की राह अपनाता

जाति-धर्म की दीवार बनाकर

नफरत की नई फसल उगाता

कभी अंधचाह में बेटों की

कन्या भ्रूण-हत्या करवाता

कभी हवस में अंधा होकर

दुराचारी बलात्कारी बन जाता

बिसरकर मानवीय मूल्य सकल

अधम नीच निकृष्ट हो जाता

क्या वह मानव कहलाता

क्या वह मानव कहलाता?

क्या वह मानव कहलाता

जो मानवता का गला दबाता

पथिकों के जीवन पथ पर
कर्कश होकर काँटे बिछाता
जो निज स्वार्थ पूर्ति के लिए
लोगों की नृशंस हत्या करवाता
सद्भावना के सर्वनाश के लिए
साजिशों के नए जाल बिछाता
क्या वह मानव कहलाता
क्या वह मानव कहलाता?

दीपक बनकर जलना होगा

उठो नव-निर्माण के लिए
कदम मिलाकर चलना होगा
मिट जाएगा अँधियारा पल में
हमें दीप बनकर जलना होगा

प्रकाशमान होगी पावन वसुधा
नए संकल्प लेकर चलना होगा
अब ऊँच-नीच से ऊपर उठकर
संकीर्णता से बाहर निकलना होगा

बदल जाएगी दिशा जीवन की
अब स्वयं को हमें बदलना होगा
करने को नव-निर्माण धरा पर
अब एकजुट होकर चलना होगा

अवरोधक कई होंगे पथ पर
आँधी तूफानों में सम्भलना होगा
तोड़ कर दीवारें अब नफरत की
पावन प्रेम पथ पर चलना होगा

इस कंटीले दुर्गम पथ पर हमें
सम्भल-सम्भल कर चलना होगा
हम चलेंगे तो यह जग चलेगा
निर्भीक होकर निकलना होगा

इन अंधियारी राहों में 'चमन'
हमें दीपक बनकर जलना होगा।

जीवन की परिभाषा

सूखे अधर, सिकुड़ा उदर
लोचन में लहू की लाली है
नित नग्न पाद, उर विषाद
नहीं वसन कर खाली है।
असहाय अभावग्रस्त अहर्निश
जो नील गगन तले सोते हैं
दीन-दुखी, पीड़ित-प्रताड़ित
बेबस जीवन का दुख ढोते हैं।
देखो दुर्दशा दीन दुखीजनों की
कैसे जी रहे वो चीख पुकार में
सकल सुविधाओं से सुसज्जित
इस सुसंस्कृत समृद्ध संसार में।
जहाँ न उमंग है, न आशा है
नकारात्मकता और निराशा है
कहो 'चमन' उस जीवन की
क्या पूर्ण परिभाषा है?

जीवन में नया सवेरा हो गया

महक उठा है तन-मन मेरा

दीदार जब से तेरा हो गया

दूर हो गए सकल अंधेरे पथ के

जीवन में नया सवेरा हो गया

भर गया नव उजालों से जीवन

पथ पर चलना आसान हो गया

बदल गई दशा-दिशा जीवन की

दूर पथ का हर व्यवधान हो गया

मिट गई सकल आधि-व्याधियाँ

रगों में ऊर्जा का संचार हो गया

बदल गई अर्थवत्ता जीवन की

जीवन निर्मल-निर्भर हो गया

दिया है यह दुर्लभ जीवन तूने

अब बस तू ही इसे संभालेगा

डूबी अगर मझधार में कश्ती

तो तू ही उसे बाहर निकालेगा

न दोस्त है यहाँ न दुश्मन कोई

न कोई अपना है ना पराया है

झूठे हैं जग के ये रिश्ते-नाते

बिल्कुल झूठी ये मोह माया है

सौंपकर तेरा तुझको सब कुछ

सार्थक अब जीवन मेरा हो गया

दूर हो गए सकल अंधेरे पथ के

जीवन में नया सवेरा हो गया।

उन्हें अपना बताने से भी क्या होगा

अगर सुन सके ना अंदर की आवाज कोई

तो फिर जोर से चिल्लाने से भी क्या होगा

जो उतर गए हैं अब इस दिल से 'चमन'

उन्हें अपना बताने से भी अब क्या होगा

दिए हैं दर्द जी भर कर जिन्होंने हमें उनकी

बेरहमी के किस्से सुनाने से भी क्या होगा

जो कभी लाख समझाने पर भी ना समझे

उन्हें फिर से समझाने से भी अब क्या होगा

जिन्हें न दया रही ना हया रही किंचित भी

उनके सामने अश्रु बहाने से भी क्या होगा

जो उतर गए हैं अब इस दिल से 'चमन'

उन्हें फिर अपना बताने से भी अब क्या होगा

जो तोड़ गए हैं स्नेहिल रिश्तों की मर्यादाएं

उन्हें रिश्तों की कीमत बताने से भी क्या होगा

जो छोड़ गए हैं जीवन पथ पर हाथ हमारा

उन्हें फिर से अपनाने से भी अब क्या होगा

अपने होकर भी जो कभी अपने न हो सके

उन्हें फिर अपना बनाने से भी अब क्या होगा

जो कर न सके कदर हमारी भावनाओं की

उन्हें दिल का हाल सुनाने से भी क्या होगा

जो झोंकते रहे वर्षों तक धूल हमारी आँखों में

उन पर फिर विश्वास जताने से भी क्या होगा

खोज रहे हैं जो आजकल खुशियाँ गैरों में

उन्हें फिर गले लगाने से भी अब क्या होगा

जो उतर गए हैं अब इस दिल से 'चमन'

उन्हें अपना बताने से भी अब क्या होगा।

अब बनना होगा तुम्हें समर्थ

बहुत हो चुकी है बातें व्यर्थ

अब बनना होगा तुम्हें समर्थ

हाथ मलने से क्या हल होगा

बातों से क्या बेहतर कल होगा

तुम्हें संकल्प लेकर चलना होगा

निराशा से बाहर निकलना होगा

जो संकल्पित होकर आगे बढ़ते हैं

वही सफलता के शिखर चढ़ते हैं

तुम जीवन शक्ति को पहचान लो

अच्छा करने की मन में ठान लो

पथ पर अवरोधक बहुत मिलेंगे

बाधाओं को चीर नए रास्ते खुलेंगे

तुम धीरज रखकर चलते जाना

तुम अपना रास्ता स्वयं बनाना

जो मुश्किलों से घबरा जाते हैं

वो मंजिल तक नहीं पहुँच पाते हैं

जो घोर निराशा में डूबे रहते हैं

नाकामी को निज नियति कहते हैं

वो प्रतिस्पर्धा में पिछड़ जाते हैं

कुछ भी हासिल नहीं कर पाते हैं

मत बैठो इस तरह निष्क्रिय होकर

क्या मिलेगा कीमती समय खोकर

बहुत हो चुकी है बातें व्यर्थ

अब बनना होगा तुम्हें समर्थ।

आँसुओं का संसार

हजारों में विरला ही कोई इंसान होता है
जो अंदर-बाहर सदा एक समान होता है
फैला लिया है बहुरूपियों ने अपना जाल
दुर्लभ है समझ पाना उनकी टेढ़ी चाल
पथ पर कदम फूँक-फूँक कर रखना राही
कभी भूलकर भी न हो कोई लापरवाही
बना लिया लोगों ने आँसुओं को हथियार
बड़ा विचित्र है उनके आँसुओं का संसार
तुम इन आँसुओं संग कभी बह मत जाना
तुम इन आँसुओं की अंतिम तह तक जाना
आखिर में आँसुओं के पीछे का सच बोलेगा
एक-एक कर साजिश के गहरे राज खोलेगा
हर आँसू क्या दर्द की सच्ची दास्तान होता है
या किसी समस्या का सरल समाधान होता है
अंदर के आँसुओं की तो बात ही कुछ और है
मगर आजकल बनावटी आँसुओं का दौर है
छलपूर्ण आँसुओं का क्या कोई नाम होता है
आँसू बहाना तो कुछ लोगों का काम होता है
आँसुओं की विविधताओं को क्या गिनाऊँ
अच्छा है घड़ियाली आँसुओं को समझ पाऊँ
हजारों में विरला ही कोई इंसान होता है
जो अन्दर बाहर सदा एक समान होता है।

कर्म हमारी पूजा है

सदा कर्मरत रहते हैं हम कर्म हमारी पूजा है
किसी चमत्कार पर कभी विश्वास नहीं करते
संघर्षरत रहते हैं हम जीवन पथ पर निशदिन
कभी कुछ स्वयं हो जाने की आस नहीं करते
नजरें गड़ी हैं आजकल आसमान पर अपनी
इसलिए सीढ़ियाँ बनाने का प्रयास नहीं करते
न जाने कब क्या हो जाएगा जीवन पथ पर
यह सोचकर कभी हम मन उदास नहीं करते
आशावादिता से भरा है जीवन का हर पल
इसलिए कभी किसी को निराश नहीं करते
भले छीन ले कोई हमसे हँसी – खुशी हमारी
मगर परहर्ष का हम कभी नाश नहीं करते
देखते हैं अपने अंदर ही अपनी दिव्य दुनिया
बात किसी से कभी हम कुछ खास नहीं करते
ना दुश्मन है इस दुनिया में और न दोस्त कोई
स्वार्थपूर्ण सम्बंधों पर हम विश्वास नहीं करते
चलते हैं अकेले कर्मभूमि में दृढ़ संकल्प लेकर
किसी के साथ आने की कभी आस नहीं करते
बढ़ते हैं हम सदा सकारात्मक सोच के साथ आगे
नकारात्मक होकर कभी मन को निराश नहीं करते
बनाते हैं घोर संकटों में भी स्वपथ स्वयं 'चमन'
भीड़-संग चलने का कभी हम प्रयास नहीं करते।

तुम्हें दूर तक जाना है

छोड़ दो डगर लौकिक प्रेम की
अगर तुम्हें पूर्ण प्रेम को पाना है
चलो सन्मार्ग पर निर्भय होकर
अब तुम्हें दूर तक जाना है।
उठो,जागो नव-सृजन करो
एक नया इतिहास बनाना है
चलो सन्मार्ग पर निर्भय होकर
अब तुम्हें दूर तक जाना है।
अधजल घट बन मत छलको
अगर पूर्णता को पाना है
चलो सन्मार्ग पर निर्भय होकर
अब तुम्हें दूर तक जाना है।
नफरत की कोई बात नहीं
नित स्नेह सलिल बरसाना है
चलो सन्मार्ग पर निर्भय होकर
अब तुम्हें दूर तक जाना है।
महज एक ध्येय हो एक दिशा
अनवरत आगे बढ़ते जाना है
चलो सन्मार्ग पर निर्भय होकर
अब तुम्हें दूर तक जाना है।
संकीर्णताओं से बाहर निकल
पूर्ण विस्तार को पाना है
चलो सन्मार्ग पर निर्भय होकर
अब तुम्हें दूर तक जाना है।
बाधाएँ तो आती है आएंगी
हारिल होकर नहीं बैठ जाना है

चलो सन्मार्ग पर निर्भय होकर
अब तुम्हें दूर तक जाना है।
संघर्षरत रह मिलती है मंजिल
सदैव संघर्ष करते जाना है
चलो सन्मार्ग पर निर्भय होकर
अब तुम्हें दूर तक जाना है।
आकर्षण, अवरोध कई होंगे
तुम्हें किंचित न डगमगाना है
चलो सन्मार्ग पर निर्भय होकर
अब तुम्हें दूर तक जाना है।
पुष्पित होकर जीवन पथ पर
इस दुनिया को महकाना है
चलो सन्मार्ग पर निर्भय होकर
अब तुम्हें दूर तक जाना है।
आसान नहीं है मंजिल 'चमन'
अंतर्मन में दीप नया जलाना है
चलो सन्मार्ग पर निर्भय होकर
अब तुम्हें दूर तक जाना है।
कूप-तड़ाग नहीं मंजिल अपनी
अब भव सागर तर जाना है
चलो सन्मार्ग पर निर्भय होकर
अब तुम्हें दूर तक जाना है।

कोई तो समझे उनकी भाषा

रेंग रहा है कहीं भूखा बालक
दिनभर प्रचंड तपती रेत पर
झुलस रही है अभावग्रस्त माँ
मजबूर उदरपूर्ति को खेत पर
कौन सुनता है यहाँ गरीबों की
कौन कोटि बेसहारों का सहारा
किसे फिक्र है उन वंचितों की
जिसने भी देखा किया किनारा
मर गई मानवता जिस मन में
उस निर्मम को फिर ममता कहाँ
इस स्वार्थ भरी दुनिया में अब
स्नेह–सद्भाव और समता कहाँ
आजकल श्वान पलंग पर सोते हैं
गरीब इंसान सड़क पर रोते हैं
वो मूलभूत सुविधाओं से वंचित
भूखे–प्यासे जीवन भार ढोते हैं
आधुनिकता की अंधी दौड़ में
अंधों की यहाँ कोई कमी नहीं
स्वार्थ साध रहा हरजन जग में
स्वार्थ लीला किंचित थमीं नहीं
यह देश वही और परिवेश वही
जहाँ पर पत्थर पूजा होती है
जीवन का सार वही संदेश वही
फिर भी मानवता निशदिन रोती है
क्या है उस जीवन की आशा
जिसमें निरंतर बोई गई निराशा

जो मांग रहे नवजीवन निशदिन
यहाँ कोई तो समझे उनकी भाषा
कोई मजबूर है ठोकर खाने को
कहीं भूखा-प्यासा मर जाने को
कौन देगा भरपेट भोजन उनको
जहाँ रोटी तक नहीं है खाने को
लाख मुश्किलें हैं जीवन पथपर
मगर फिर भी जिए जा रहे हैं
मत पूछो वो कैसे – कैसे 'चमन'
जीवन निर्वाह किए जा रहे हैं।

बात दिल की दिल में रहे तो अच्छा है

बात दिल की दिल में रहे तो अच्छा है

कैसे बताऊँ उन्हें अपना मन सच्चा है

कह रही हैं ये खामोशियाँ बहुत कुछ

कोई आवाज सुन पाए तो अच्छा है

उनकी नज़र में हमारी कीमत क्या है

दिल उन्हें अनमोल बताए तो अच्छा है

फूल कभी एक रंग के नहीं होते चमन में

कोई उन्हें यह समझाए तो अच्छा है

हर पल जिया जिंदगी का जिनके लिए

काश! उन्हें यह समझ आए तो अच्छा है

मत पूछो इस दिल की बेचैनी का आलम

उन्हें दूर रहकर भी चैन आए तो अच्छा है

उड़ते रहे जो स्वछंद आसमां में अब तक

उन्हें जमीन भी नज़र आए तो अच्छा है

गुज़र जाएगी जिंदगी यूँ ही कशमकश में

कोई राज जिंदगी का बताए तो अच्छा है

समय सदा एक-सा नहीं रहता जग में

बात उन्हें यह समझ आए तो अच्छा है

झोंकते रहे जो सदा धूल हमारी आँखों में

वो खुद को बेगुनाह बताए तो अच्छा है

छुपता नहीं सच लाख यत्न कर छुपाने से

उन्हें यथाशीघ्र यह समझ आए तो अच्छा है

हम दे न सके हर खुशी उनको शायद 'चमन'

वो कहीं भी खुश रह पाए तो अच्छा है।

नारी

आधुनिकता की चकाचौंध में
मर्यादाओं को मत भूलो नारी
चलो सन्मार्ग पर निर्भय होकर
करो नव-सृजन की तैयारी।

तुम सहिष्णु, सदा स्नेहिल तुम
तुम महक बिखेरती फुलवारी
भार्या, बहन, माँ, बेटी, देवी
विविध रूपों में तुम हो नारी
चलो सन्मार्ग पर निर्भय होकर
करो नव-सृजन की तैयारी।

मत आँको खुद को कमतर
निभाओ जग में भूमिकाएँ सारी
महकता है घर-आँगन तुमसे
तुमसे इस जहाँ में रौनक सारी
चलो सन्मार्ग पर निर्भय होकर
करो नव-सृजन की तैयारी।

जग जननी हो तुम यह मत भूलो
उच्च आदर्शों से मत भटको नारी
चलो सन्मार्ग पर निर्भय होकर
करो नव-सृजन की तैयारी।

शिक्षा धन सर्वधन प्रधान

शिक्षा-विहीन नर पशु समान
शिक्षा अर्जित करो इंसान
सफल, समृद्ध, सुशिक्षित जीवन
शिक्षा धन सर्वधन प्रधान।
शिक्षा से खुशहाली आती
शिक्षा से बढ़ जाता ज्ञान
शिक्षा नित मार्गदर्शन करती
शिक्षा मिटा देती व्यवधान।
शिक्षा से शालीनता आती
शिक्षा बना देती विद्वान
शिक्षा संघर्षरत रहना सिखाती
शिक्षा जगा देती स्वाभिमान।
शिक्षा से स्वावलंबन आता
शिक्षा बना देती महान
शिक्षा चरित्र की रक्षा करती
शिक्षा कर देती उत्थान।
शिक्षा से मनोबल बढ़ता
शिक्षा बढ़ा देती सम्मान
शिक्षा प्रेम का पाठ पढ़ाती
शिक्षा सकल गुणों की खान।
शिक्षा जीवन बोध कराती
शिक्षा मिटा देती अज्ञान
शिक्षा नित नव-जीवन देती
शिक्षा धन सर्वधन प्रधान।

आओ चमन को महकाने चलें

अरे घनी छाँव में पलने वालो
आओ अब थोड़ा धूप में जलें
सिंचन करें अधसूखी डालियों का
आओ चमन को महकाने चलें।
सुनें दर्द यहाँ दुखी जनों की
महसूस करें पीड़ा व्यथित मनों की
चहक-महक खो गई उनकी कहाँ
कहाँ खो गई ताज़गी तनों की।
कुछ पौधे बन पाते नहीं डाली
कुछ फूलों की छिन जाती है लाली
मुरझा जाते हैं कुछ खिलने से पहले
खो जाती है यौवन की हरियाली।
कौन सुनता है उनकी व्यथा कथा
किसे फिक्र है उनके जल जाने की
मुँह फेर लेती है यह दयाहीन दुनिया
किसे पड़ी है डूबते को बचाने की।
अरे महल चौबारों में पलने वालो
अर्थ के आसमान पर चलने वालो
अब जागो नींद से आँखें खोलो
रंग-रूप बदलकर निकलने वालो
अहं आडंबर से बाहर निकलकर
आओ अब थोड़ा जमीन से जुड़ें
देखें दुर्दशा दीन-दुखी जनों की
आओ 'चमन' को महकाने चलें।

मत मारो मानव मुझे

मत मारो मुझे मानव
मुझे फूलने-फलने दो
विश्राम करो घनी छाँव में
मुझे प्रचंड धूप में जलने दो
मत मारो कुल्हाड़ी मुझ पर
मत करो दराती से प्रहार
मत काटो तुम भुजाएँ मेरी
आएगी फिर जीवन में बहार
फूलों से सजूँगा फलों से लदूँगा
होगी मनमोहक महक चहुँओर
भँवरे गुनगुनाएँगे, पंछी चहचहाएँगे
आएगा निश्चित ही नया दौर
दया करो थोड़ी मुझ पर किंचित
मैं खड़ा हूँ हवा और दवा लिए
मैंने कब बुरा किया किसी का
मैंने तो नित परोपकार किए
छीन कर वसुधा की हरियाली
जरा सोचो तुम्हें क्या मिलेगा
खिला नहीं अगर पुष्प धरा पर
तो बताओ जीवन क्या खिलेगा
याद रहे मुझे बरबाद करके तुम
अपनी ही मुश्किलें बढ़ाओगे
नष्ट हुआ श्रृंगार धरा का तो
फिर तुम भी नष्ट हो जाओगे
कह रही है आज डाली-डाली
मत छीनो हमारी हरियाली

बचेगा नहीं कुछ भी धरा पर
हो जाएगी यह वसुधा खाली
बहुत हो चुका यह बरसों से
मत करो तुम अब मनमानी
मत उजाड़ो सुन्दर बगिया
मत करो अब यह नादानी
नहीं रहा अगर मैं धरा पर तो
सोचो क्या तुम रह पाओगे
वक्त बीत जाने के बाद तुम
बहुत अधिक फिर पछताओगे
कुछ और नहीं तुमसे मानव
बस आज मुझे यह कहना है
पेड़ लगाओ प्रकृति बचाओ
अगर स्वस्थ तुम्हें यहाँ रहना है
मिलेगा नव जीवन जग में
चारों ओर हरियाली होगी
स्वच्छ पवन पन पाकर जग में
हर गाँव-शहर खुशहाली होगी
अब नए भोर की नई किरण में
तुम नई कोंपलें निकलने दो
विश्राम करो मेरी घनी छाँव में
मुझे प्रचंड धूप में जलने दो।

मैं कैसे मौज मनाऊँ

इस पल दो पल के जीवन में
वक्त कहाँ है जो सो जाऊँ
यहाँ चीख पुकार है चारों ओर
मैं नैन मूंदकर कैसे मौज मनाऊँ
देखकर दुर्दशा दुखी जनों की
मैं यहाँ कैसे निष्ठुर हो जाऊँ
दूर कर सकूँ दुख दर्द उनके
जाकर थोड़ा मरहम लगाऊँ
तड़प रहे जो भूख प्यास से
जाकर उनकी प्यास बुझाऊँ
यहाँ चीख पुकार है चारों ओर
मैं नैन मूंदकर कैसे मौज मनाऊँ।
आधुनिकता की चकाचौंध में
बेपरवाह होकर कैसे खो जाऊँ
जो तरस रहे हैं दो जून रोटी को
किसी तरह उनकी भूख मिटाऊँ
असहाय अभावग्रस्त बच्चों को
मैं जाकर क्यों न गले लगाऊँ
यहाँ चीख पुकार है चारों ओर
मैं नैन मूंदकर कैसे मौज मनाऊँ।
जो जूझ रहे हैं घोर संकट से
मैं उन सबको नवजीवन दे पाऊँ
घोर निराशा में डूबे हर मन में
जीवन की नई आस जगाऊँ
जगता रहूँ अंतिम क्षण तक
जीवन का घोर तिमिर मिटाऊँ

यहाँ चीख पुकार है चारों ओर
मैं नैन मूंदकर कैसे मौज मनाऊँ।
घोर अंधेरा है जिन राहों पर
वहाँ फिर से दीप नया जलाऊँ
आ सकूँ जग में काम किसी के
कोई बरबाद होता घर बसाऊँ
दायित्व बहुत हैं इन कन्धों पर
मैं अभी कैसे निष्क्रिय हो जाऊँ
यहाँ चीख पुकार है चारों ओर
मैं नैन मूंदकर कैसे मौज मनाऊँ।
जी रहे हैं जो घुट-घुटकर जग में
मैं उनकी व्यथा कथा सुन पाऊँ
दूर हो जाए उनकी आधि-व्याधि
मैं उनके लिए कुछ ऐसा कर पाऊँ
अभी बहुत कुछ करना बाकी है
पथ पर कैसे कर्महीन हो जाऊँ
यहाँ चीख पुकार है चारों ओर
मैं नैन मूंदकर कैसे मौज मनाऊँ।

स्वयं में सुधार करो

असंभव नहीं है कुछ भी जग में
उठो जागो और विस्तार करो
चलो अकेले पावन पथ पर
मत किसी का इंतजार करो।
लिखो नव-इतिहास पटल पर
नित नव-सृजन नवाचार करो
परिश्रम करो जीवन पथ पर
हर सपना अपना साकार करो
मत उछालो कीचड़ किसी पर
निज गलती को स्वीकार करो
न चलाओ कहीं तीर नज़र के
न शब्दों के असहा प्रहार करो
वाक् संयम की शक्ति अद्भुत
कुछ कहने से पूर्व विचार करो
चाहते हो तुम खुद से जैसा
सबसे वैसा ही व्यवहार करो
तुच्छ नहीं है कोई भी जग में
हर प्राणी से तुम प्यार करो
कभी अर्थ-लिप्सा में अंधे होकर
मत अन्याय-अत्याचार करो
मानवता मर गई तो क्या बचा
फिर तीर्थ चाहे यहाँ हजार करो
दूसरों को दोष देने से बेहतर है
साक्षी बन स्वयं में सुधार करो।

नया सवेरा

देखता हूँ यहाँ सामाजिक विषमताओं को
रोते-बिलखते बच्चे आँसू बहाती माताओं को
देखता हूँ कहीं बेखौफ घूमते दुराचारियों को
कहीं भीषण अकाल तो कहीं महामारियों को
देखता हूँ जग में अभावग्रस्तों को रोते हुए
झोंपड़ी में काटते दिन और भूखे सोते हुए
देखता हूँ नील गगन तले या सड़क किनारे
ठिठुरते-झुलसते कुछ अभावग्रस्त बेचारे
काट रहे हैं दिन, मूलभूत सुविधाओं बिन
कैसे गुजर रही रातें, कैसे गुजर रहे दिन
कौन सुनता है उनकी दर्द भरी बातों को
कौन पकड़ता है उनके कमजोर हाथों को
जो जीवन में मुश्किलों से गुजारा करते हैं
दुनिया में उनसे हर कोई किनारा करते हैं
यहाँ किंचित करुणा नहीं किसी के दिल में
यहाँ कौन खड़ा है किसी की मुश्किल में
न जाने क्यों सब स्वार्थ में इतने अंधे हो गए
अर्थलिप्सा में डूबे विचार कलुषित गंदे हो गए
कैसे मिटेगा गरीबों के घर का घोर अंधेरा
कैसे होगा लाखों जीवन में एक नया सवेरा
रोते बिलखते जनों के लिए जब हम चलेंगे
उन वंचितों के घर में भी हररोज चूल्हे जलेंगे
बदलेगी प्रयासों से उनकी भी जीवन शैली
यहाँ लाख विपदाएं अब तक जिन्होंने झेली
आओ 'चमन' हमें जन-जन को जगाना है
अंधेरों से घिरे जीवन में दीप नया जलाना है।

बस देर है अंधेर नहीं

मत बैठो इस तरह निराश होकर
उसके घर बस देर है अंधेर नहीं
जब हो जाती है साँझ पथिक
तो क्या होता कभी सवेर नहीं?
तुम धीरज धर कर चलते जाना
संघर्षरत रहकर मंजिल को पाना
मत चलना लीक पर कभी भी
तुम अपना रास्ता स्वयं बनाना।
मंजिल मिलती नहीं किसी को
कर्म पथ पर पीछे हट जाने से
कुछ भी हासिल नहीं होता जग में
नित निष्क्रिय हो कर बैठ जाने से।
सूख चुके हैं पत्ते जिस डाली के
उस डाली पर नव अंकुर भी आएँगे
कुछ पत्तों के पीले पड़ जाने से
कानन के सारे पेड़ न सूख जाएँगे?
खोज लेना परम सत्य जीवन का
अनुशीलन करना, तह तक जाना
थाम लेना सत्य का दामन जग में
ढूँढना हकीकत, बह मत जाना।
सत्य पर ही यह जग टिका है
यह जगजीवन कचरे का ढेर नहीं
जब हो जाती है साँझ 'चमन'
तो क्या होता कभी सवेर नहीं?

मेरी दुनिया

मेरी दुनिया मेरे अंदर है

जब भीतर खोजा तो पाया

मेरा हृदय अथाह समंदर है

तेरे दिव्य-दर्शन को तरसती आँखें

जब अंतर्मन खोजा तो पाया

तेरा पावन घर मेरे अंदर है।

पथ पर तुझे कौन जान पाया

किसने तुझे अपने अंदर खोजा

कौन मंजिल तक पहुँच पाया

कोई पूज रहा पत्थर कहीं

कोई कहीं साधू बन घूम रहा

मन मैला और तन दूषित

तुझ बिन काया अस्थिपिंजर है

तेरे दिव्य-दर्शन को तरसती आँखें

जब अंतर्मन खोजा तो पाया

तेरा दिव्य घर मेरे अंदर है।

मजदूर

हाथ फैलाता नहीं श्रम करता निरंतर

कभी दाने-दाने को तरसता मजदूर

भटकता उदर-पूर्ति को निशदिन

निराशा में जीवन भार ढोता मजदूर

रईसों को पलंग पर भी नींद नहीं

मगर चैन से जमीं पर सोता मजदूर

कभी ठिठुरता, कभी झुलसता

असहाय, अभावग्रस्त होता मजदूर

खून-पसीना बहाकर जो पाता

सदा संतुष्ट उसी से होता मजदूर

नफरत की कभी कोई बात नहीं

सर्वत्र प्रेम बीज बोता मजदूर

अहर्निश अहं आडंबर से कोसों दूर

नित निर्मल-निश्चल होता मजदूर

घोर विपत्तियों में विवश होकर

कभी फूट-फूटकर रोता मजदूर

विषमताओं से हतोत्साहित होकर

कभी दुर्लभ देह खोता मजदूर

कौन देखता है उसकी बदहाली को

कब कितना परेशान होता मजदूर।

हिंदी तुझे शत्-शत् नमन्

हिंदी तुझे शत्-शत् नमन्
आज महकी है तू बन सुमन
दिए हैं फल-फूल तूने जगत को
जग में सदाबहार तेरा चमन
हिंदी तुझे शत्-शत् नमन्।
चिरकाल से सफर किया है तूने
निहारा अति करीब से हर काल
तत्सम, तद्भव, देशज, विदेशी
सकल सरिताएँ समाई तुझमें
बन गई तू विशद्-विशाल
आदिकाल में प्रादुर्भाव हुआ
मध्यकाल ब्रज-अवधी ने घेरा
आधुनिक काल जब हुआ प्रारंभ
खड़ी बोली ने तब डाला डेरा
उन्नीसवीं सदी में 'फिर गए दिन'
बीसवीं सदी में हुआ सवेरा।
राष्ट्र स्वाधीन हुआ तू बनी राजभाषा
जगा एक नवदीप धरा पर
जग गई एक नई आशा
कर रही रोशन रवि बन जगत को
दे रह नित नवीन परिभाषा
हिंदी तुझे शत्-शत् नमन्।
आज महकी है तू बन सुमन
दिए हैं फल-फूल तूने जगत को
जग में सदाबहार तेरा 'चमन'
हिंदी तुझे शत्-शत् नमन्।

सागर में समा जाऊँगा

अब न कोई गीत गाऊँगा

अब न व्यर्थ गुनगुनाऊँगा

मैं सागर से निकला हूँ

सागर में समा जाऊँगा

जिजीविषा है किंचित मगर

वर्तमान विषाक्त परिवेश में

अब और नहीं जी पाऊँगा

छला जाता रहा हूँ निशदिन

ठगा जाता रहा हूँ तुम बिन

अब न अनभिज्ञ रह पाऊँगा

तुम थाम लेना उँगली मेरी

भर देना उजालों से जीवन

मैं चला हूँ शीघ्र पहुँच जाऊँगा

तुम अनुग्रह करना मुझ पर

दे देना निराश्रय को आश्रय

मैं बंधन मुक्त हो जाऊँगा

न जाने बैठा हूँ कितनी बार

यहाँ कितनी जर्जर नाव में

अब भव–सागर तर जाऊँगा

अब न कोई गीत गाऊँगा

अब न व्यर्थ गुनगुनाऊँगा

मैं सागर से निकला हूँ

सागर में समा जाऊँगा।

हिंसक हो जाना नहीं अच्छा

शान्त हो जाओ आक्रोशित मन
हिंसक हो जाना नहीं अच्छा
धैर्य रखो जो करेगा वो भरेगा
सन्मार्ग से हट जाना नहीं अच्छा
स्नेह- सहयोग से भरा हो जीवन
निर्मम हो जाना नहीं अच्छ
मार्ग अहिंसा का अति उत्तम
हिंसा फैलाना नहीं अच्छा
प्रलोभन कई होंगे पथ पर
पथभ्रष्ट हो जाना नहीं अच्छा
सब्र–संयम की शक्ति अदभुत
उग्र हो जाना नहीं अच्छा
अभी बहुत कुछ करना बाकी है
ऐसे जीवन बिताना नहीं अच्छा
जीवन के इस पावन पथ पर
क्रोधानल में जल जाना नहीं अच्छा
बड़ा अनमोल है जीवन 'चमन'
इसे व्यर्थ गँवाना नहीं अच्छा
धैर्य रखो जो करेगा वो भरेगा
सन्मार्ग से हट जाना नहीं अच्छा
शान्त हो जाओ आक्रोशित मन
हिंसक हो जाना नहीं अच्छा।

कोई कदर नहीं इन्सान की

सोने चांदी से भरी तिजोरी
सुसज्जित पत्थर के भगवान की
कहीं भूखा रोए, चिरनिद्रा सोए
कोई कदर नहीं यहाँ इन्सान की
आधुनिकता की चकाचौंध तले
भयानक भूखमरी लाचारी है
अर्थलिप्सा के इस अंधे युग में
यहाँ कौन दीन हितकारी है
मानवता कहीं लुप्त हो गई
आज स्वार्थ सब पर भारी है
इतनी लौलुपता, इतनी कर्कशता
अब कहाँ दया और ईमानदारी है
इन्सान–इन्सान का रक्त पिपासु
निशदिन पत्थर पूजा जारी है
कहीं भूखा बालक बिलख रहा
कहीं सुख सुविधाएँ सारी है
कौन सुनता है चीत्कार किसी की
यहाँ अनसुना करने की बीमारी है
क्या कहें उन धन कुबेरों को जग में
जिन्हें फिक्र बहुत है अपने श्वान की
यहाँ भूखा रोए, चिर निद्रा सोए
कोई कदर नहीं है इन्सान की।

नवजीवन की शुरुआत कर

मत कर उम्मीद वफ़ा की उनसे
जो आजकल बेवफा हो गए हैं
लगाकर दिल किसी और से
बेवजह तुझसे खफा हो गए हैं
मत भूलो ना वो कल तुम्हारे थे
और ना ही वो आज तुम्हारे हैं
ये रंग बदलती दुनिया के बस
किंचित रूप बदलते नज़ारे हैं
यहाँ कब हालात बदल जाए
कभी कुछ कह नहीं सकते
अपनी बरबादी का मंज़र देख
सदा चुप भी रह नहीं सकते
क्रोधानल में जल कर तुम
मत खुद को यूँ बरबाद करो
बदल डालो दिशा जीवन की
धैर्य धर खुद को आबाद करो
अभी बहुत कुछ होना बाकी है
मत निराशा की कोई बात करो
सुख-दुख से ऊपर उठकर 'चमन'
नव जीवन की शुरुआत करो
मत करो उम्मीद उनसे वफा की
जो आजकल बेवफा हो गए हैं
लगाकर दिल किसी और से
बेवजह तुमसे खफा हो गए हैं।

जीवन में कुछ और भी है

जीवन में कुछ और भी है

अगर साँझ है तो भोर भी है

कभी विषादों के कटु क्षण

कभी खुशियों का दौर भी है

क्यों राहगीरों की राह रोकना

क्यों जीवन पर हाथों सौंपना

क्यों घबराना, क्यों अलसाना

हारिल हो बैठ जाना क्यों

जीवन में कुछ और भी है

अगर साँझ है तो भोर भी है

कभी विषादों के कटु क्षण

कभी खुशियों का दौर भी है।

क्यों आँखों में धूल झोंकना

क्यों श्वानों सम भौंकना

क्यों भड़कना, क्यों तड़पना

बुद्धिहीन हो जाना क्यों

जीवन में कुछ और भी है

अगर साँझ है तो भोर भी है

कभी विषादों के कटु क्षण

कभी खुशियों का दौर भी है

कहाँ - कहाँ हम छले गए

वो घोर बुराई करते चले गए

हम नित भलाई करते चले गए

क्या सुनाएँ निज मन की व्यथा

कब कहाँ - कहाँ हम छले गए

भलाई का अब जमाना नहीं रहा

भूल जाते हैं लोग अपना ही कहा

कैसे विश्वास करें किसी पर यहाँ

कोई विश्वास के काबिल नहीं रहा

क्या उम्मीद करें वफा की उनसे

जो परछाई पर भी प्रहार करते हैं

कभी रच कर साजिशें चुपके से

जो बरबादी का इंतजार करते हैं

क्या शिकायत करें अब हम उनसे

जो जानकर भी अनजान हो गए

खेल कर भावनाओं से हमारी

जो अजनबी - से इंसान हो गए

कैसे बदल जाते हैं लोग यहाँ

मौसम की तरह वक्त के साथ

क्या कहें हम उन दगाबाज़ों को

जो भूल गए हैं अपनी ही बात

आज ढूंढ रही है आँखें उनको

जो अपना बना कर चले गए

क्या सुनाएँ निज मन की व्यथा

कब कहाँ - कहाँ हम छले गए।

जग में जीवन वह जो

जग में जीवन वह जो फूलों-सा मुस्काता है
निज जीवन सौरभ से दुनिया को महकाता है।
आए हैं जग में तो कुछ अच्छा करके जाना
दुर्लभ मानव जीवन को इस तरह व्यर्थ न गंवाना
परहित के लिए स्वहित त्यागकर जो चलता है
अंधेरी राहों में नित दीपक बनकर जलता है
जग में जीवन वह जो अन्तर तिमिर मिटाता है
निज जीवन सौरभ से दुनिया को महकाता है।
सर्वमंगल के लिए संकल्प लेकर जो चलता है
निस्वार्थ भाव से जनसेवा के लिए निकलता है
तोड़ दीवारें नफरत की सबको गले लगाने वाला
जीवन के पावन पथ पर प्रेम गंगा बहाने वाला
जग में जीवन वह जो प्रेम पुष्प विकसाता है
निज जीवन सौरभ से दुनिया को महकाता है।
कंटीले पथ पर चलना किंचित भी आसान नहीं
इस जीवन में कहाँ आधि-व्याधि, व्यवधान नहीं
प्रतिकूलताओं में सीना तान कर चलने वाला
निज शक्ति से तूफानों का रुख बदलने वाला
जग में राही वह जो संघर्ष की राह अपनाता है
निज जीवन सौरभ से दुनिया को महकाता है।
जहाँ स्नेह-सद्भाव संग जीवन में उमंग भरा हो
सत्य-अहिंसा, प्रेम रग-रग में परोपकार भरा हो।
कभी घोर अंधेरों में सर्वत्र प्रकाश फैलाने वाला
जीवन के पावन पथ पर सबके दर्द मिटाने वाला
जग में जीवन वह जो सर्वत्र आनंद उपजाता है
निज जीवन सौरभ से दुनिया को महकाता है।

तस्वीर बदलते भारत की

तस्वीर बदलते भारत की

तुम देखो आँखें खोलकर

जयघोष कर रहे सारे मिलकर

जय हिन्द-जय हिन्द बोलकर

हर घर सड़क, शौचालय

देखो घर-घर बिजली पानी

शिक्षा स्वास्थ्य सुविधाएँ बढ़ी

बदलते भारत की निशानी

नए भारत का निर्माण हो रहा

लाखों जन-धन खाते खोलकर

जयघोष कर रहे सारे मिलकर

जय हिन्द-जय हिन्द बोलकर।

वैश्विक पटल पर तीव्र गति से

अब भारत का सम्मान बढ़ा है

करने को नवनिर्माण धरा पर

अब युवा भारत चल पड़ा है

जगा दीप और मिटा अंधेरा

तुम देखो आँखें खोलकर

जयघोष कर रहे सारे मिलकर

जय हिन्द-जय हिन्द बोलकर।

बदल रहा है भारत निशदिन

अब सारी दुनिया कह रही है

हर गाँव-गाँव, शहर-शहर

विकास की गंगा बह रही है

अखण्ड भारत में उम्मीद जगी

तुम देखो आँखें खोल कर

जयघोष कर रहे सारे मिलकर
जय हिन्द-जय हिन्द बोलकर।
निर्मल हो रही गंगा - जमुना
आजादी के अमृत काल में
नई मंजिलें हैं और नए रास्ते
आगे बढ़ना है हर हाल में
सबका साथ सबका विकास
तुम देखो आँखें खोल कर
जयघोष कर रहे सारे मिलकर
जय हिन्द-जय हिन्द बोलकर।
सुरक्षित देश की सीमाएँ सारी
सुरक्षित देश का कोना-कोना
जो छेड़ता है उसे छोड़ते नहीं
अंत उसका होना ही होना
देश के दुश्मन संभलकर रहना
अब चलना आँखें खोल कर
जय घोष कर रहे सारे मिलकर
जय हिन्द-जय हिन्द बोलकर।

कल नया सूरज निकलेगा

कल नया सूरज निकलेगा
नए जीवन की नई भोर होगी
अतीत की जकड़न से निकली
हवा ना जाने किस ओर होगी
कल नया सूरज निकलेगा
नए कल की नई कहानी होगी
नव पथ पर चलते – चलते
कोई बात जरूर पुरानी होगी
कल नया सूरज निकलेगा
नए पथ के नए उजाले होंगे
पूर्ण होंगे वो सब सपने जो
दशकों से मन में पाले होंगे
कल नया सूरज निकलेगा
नए जीवन के नव रंग होंगे
बदल जाएगी दिशा जीवन की
सकल स्वजन अपने संग होंगे
कल नया सूरज निकलेगा
नए दौर के नए पैमाने होंगे
कुछ अजनबी भी अपने होंगे
कुछ अपने भी बेगाने होंगे
कल नया सूरज निकलेगा
नए पथ की नई कहानी होगी
वर्षों के संघर्षों की 'चमन'
कुछ तो अमर निशानी होगी।

संक्षिप्त परिचय

डॉ. चमन सिंह ठाकुर

स्थायी पता : नाहन, हिमाचल प्रदेश (भारत)

शैक्षणिक उपलब्धियाँ : एम.ए. (राजनीति शास्त्र), एम.ए. (हिंदी), एम.एड., एम.फिल., पी.एच.डी., संगीत विशारद, प्रभाकर, DCA, CIG, PGDHE, PGDRD अध्ययनरत।

व्यक्तित्त्व : बहु आयामी – गीतकार, संगीतकार, गायक, कवि, साहित्यकार, संपादक, कुशल वक्ता, समाज सुधारक, शिक्षक, शिक्षाविद, दार्शनिक, पर्यावरणविद।

अध्यापन कार्यानुभव/ सेवाएँ : संगीत शिक्षक, हिंदी प्रवक्ता, राजनीति शास्त्र प्रवक्ता, सहायक प्रोफेसर शिक्षा विभाग, विभागाध्यक्ष शिक्षा विभाग, प्राचार्य, डायरेक्टर आदि विभिन्न महत्वपूर्ण पदों पर विभिन्न महाविद्यालयों तथा विश्वविद्यालय में सेवाएँ।

विधाएँ : लोकगीत, गीत-ग़ज़ल, कविता, कहानी, यात्रा-वृत्तांत और डायरी।

लिखित पुस्तकें : 10

शोध-लेख : राष्ट्रीय तथा अंतर्राष्ट्रीय पत्र-पत्रिकाओं, पुस्तकों और समाचार पत्रों में सैंकड़ों कविताएँ, शोध-आलेख प्रकाशित।

संगोष्ठी : 01 : देश की विभिन्न संस्थाओं में अब तक दर्जनों राष्ट्रीय/अंतर्राष्ट्रीय संगोष्ठी में वक्ता/शोध-आलेख पर वक्तव्य।

02. कई राष्ट्रीय स्तर की कार्यशालाओं, सम्मेलनों और संगोष्ठियों में सहभागिता।

सामाजिक कार्य : मानव-निर्माण मिशन के संस्थापक एवं अध्यक्ष तथा विभिन्न सामाजिक कार्यों में संलग्न, पर्यावरण को प्रदूषण से बचाने के लिए भारतवर्ष के विभिन्न राज्यों में पौधारोपण कार्यक्रम। सन 1995 से अब तक हजारों पौधे लगाकर एक नया कीर्तिमान स्थापित।

साहित्यिक उद्देश्य : आम आदमी की पीड़ा को साहित्य की मुख्यधारा से जोड़ना, उपेक्षितों और वंचितों के हितों के लिए आवाज उठाना तथा सामाजिक बुराईयों पर कुठाराघात करना और जागरूकता फैलाना, तथा आध्यात्मिक चिंतन एवं मानवीय मूल्यों की रक्षा करना।

सामाजिक उद्देश्य : भारतीय संस्कृति, धर्म और दर्शन को विश्वपटल पर स्थापित करना, समृद्ध, खुशहाल तथा वैभवशाली राष्ट्र का निर्माण करना, सामाजिक विषमताओं को दूर कर आम जनमानस में मानवता तथा भ्रातृत्व भाव जगाना ।

सम्मान :

01. स्व .हरि ठाकुर स्मृति सम्मान, छत्तीसगढ़

02. साहित्य रत्न सम्मान, (कर्नाटक) .

03. भारत गौरव रत्न, ठाणे (महाराष्ट्र)

04.. राष्ट्र हिंदी गौरव, कुशीनगर (उत्तर प्रदेश)

05 कविगुरु रविन्द्र नाथ टैगोर सारस्वत साहित्य सम्मान, (भारतीय वांग्मय पीठ, कोलकाता (पश्चिम बंगाल)

06 काव्य विभूषण दुष्यंत स्मृति सम्मान (पंजाब)

07. साहित्य रत्न सम्मान, (कर्नाटक)

08. निराला स्मृति सम्मान (पंजाब)

09 साहित्य सृजक सम्मान , बिहार

10. महात्मा बुद्ध रत्न सम्मान, बिहार

11. साहित्य सारथी सम्मान जयपुर, राजस्थान

12. अक्षय काव्य सहभागिता सम्मान

13. विद्या भास्कर सम्मान, मध्य प्रदेश

14. इंस्पायरिंग पीपल ऑफ इंडिया अवॉर्ड, दिल्ली .

15. स्वर्ण भारत क्लाइमेट हीरो अवॉर्ड, दिल्ली ।.

16 साहित्य सृजक सम्मान, दिल्ली

17. SBP ग्लोबल हेल्थ वारियर्स सम्मान, दिल्ली

18. शिक्षा शिरोमणि श्रेष्ठता सम्मान, दिल्ली ।

19. महात्मा गाँधी ग्लोबल पीस अवॉर्ड 2020 . उड़ीसा

20. The British World record certificate, London UK.

21. World Tree Plantation Mission Appreciation Certificate from World Environment Council.

22. International Golden Award from DEEP DAAN Foundation Kanpur, Uttar Pradesh.

23. Dharadham international Youth Ambassador.

24. Youth Ambassador of Himachal Pradesh.

25. भारतीय गणतंत्र सम्मान 2021, दिल्ली ।

26. हिन्दी साहित्य परिषद प्रशस्ति पत्र 2021, कोलकाता ।

27. हिन्दी सारस्वत सम्मान 2021, कोलकाता ।

28. Best Teacher Award 2021 from Odisa Book of Records.

29. डॉ. सर्वपल्ली राधाकृष्णन राष्ट्रीय शिक्षा रत्न सम्मान 2021, (IISOR) इंटरनेशनल इंस्टिट्यूट ऑफ सेल्फ रिलायंस, भुवनेश्वर, उड़ीसा ।

30. World Best Teacher Award 2021 (MGGPF) महात्मा गाँधी ग्लोबल पीस फाउंडेशन ऑफ इंडिया ।

31. Geeta Glory Award 2022 from Dharadham International, Uttar Pradesh.

32. The Most Inspiring Man of the Earth Award 2022 from Delhi.

33. डॉ. परमार सम्मान 2022, सिरमौर कला संगम हिमाचल प्रदेश ।

34. बेस्ट ग्लोबल प्रिंसिपल अवॉर्ड 2022 दिल्ली ।